EL CAMINO BERNABÉ

UNA NUEVA PERSPECTIVA DEL LIDERAZGO BIBLICO

ISAAC SMYTHIA

El Camino Bernabé

ISmythia1@gmail.com

Con el fin de proteger su identidad, se ha cambiado el nombre e información que pudiera identificar a las personas que se han mencionado en muchos de los ejemplos.

ISBN: 978-1-5323-6214-9

Impreso en los EE.UU.

Lo que otros líderes dicen sobre el autor y del camino bernabé

Disfruto leer libros en los que las palabras del autor sean, más que teoría, valores que se están poniendo en práctica. El camino Bernabé lo escribe un auténtico Bernabé moderno. He observado a Isaac Smythia como líder, pastor, misionero y representante de área, y en cada uno de estos roles, he visto en acción en su ministerio los principios descritos en este libro. El camino Bernabé es un llamado a ver las cosas que nadie más ve y a hacer las cosas que nadie más hace.

Doug Clay
(Superintendente General de las Asambleas de Dios)

Este apasionante libro es un recurso valioso y útil para los tiempos que vivimos. Expone la gran influencia de un liderazgo sano, desinteresado y apasionado por el llamado de Dios. Señala las cualidades que debe tener y desarrollar un líder que forma obreros. Orienta a través de la Biblia y acompaña con relatos de experiencias vividas por el autor en diversos escenarios. Sus enseñanzas pueden adaptarse en la formación de obreros a nivel nacional como también a nivel de la iglesia local.

Daniel Madrazo
(Pastor y Presidente de las Asambleas de Dios en Uruguay)

Isaac Smythia escribe con la autoridad de alguien que, además de haber estudiado la historia de Bernabé, ha vivido, en el ministerio, el liderazgo al estilo de Bernabé, es decir,

El camino Bernabé. Isaac inicia cada capítulo como un cuentacuentos que describe "el entrelíneas" del texto bíblico, metiéndose en la mente y corazón de Bernabé. El resto de cada capítulo está cargado de verdades sobre el liderazgo espiritual valiosas para todos nosotros. Usted apreciará las verdades de cada capítulo en El camino Bernabé cualquiera que sea el tipo de ministerio que realice, cualquiera que sea su puesto o los años que tenga como seguidor de Jesús.

Dave Ellis
(Director Regional para América Latina y el Caribe de Misiones Mundiales de las Asambleas de Dios)

He trabajado con el misionero y líder Isaac Smythia casi 30 años. Practica las misiones y el ministerio con dedicación. Acepté leer y comentar El camino Bernabé pensando que se trataría de una lectura rápida; sin embargo, desde las primeras partes de esta obra me transporté a la historia de Bernabé. Las aplicaciones que Isaac saca de su historia están repletas de ayudas cotidianas para los líderes de cada nivel. Le recomiendo leer este libro. Estoy seguro de que lo disfrutará y de que ¡saldrá ganando con su lectura, tal y como me pasó a mí!

Jeffrey Dove
(Líder de misiones, Director de Editorial Vida Internacional y de la Alianza Bíblica)

Ser mentor o entrenador no es un fenómeno nuevo. Es un principio bíblico de larga data modelado a lo largo de las páginas de las Escrituras. En El camino Bernabé, Isaac Smythia capta el corazón de uno de los grandes mentores de todos los tiempos, Bernabé. Los principios sencillos de este libro los puede usar cualquier mentor o entrenador para sacar a la superficie el potencial dado por Dios a las personas que entrenan. Más que teorías, son principios comprobados que Smythia usó para ayudar a diez jóvenes e inexpertos pastores uruguayos a llegar a ser fundadores exitosos de iglesias. El camino Bernabé ayudará a quien esté interesado en guiar a otros en su viaje hacia la grandeza.

Randy Carter
(Pastor principal de las Asambleas de Dios de Northside, Jackson, Tennessee, EE.UU.)

Isaac Smythia tiene la habilidad de mostrarnos en este libro cosas que nunca había visto con la claridad que él las expone, me ha edificado grandemente al encontrar lecciones que me ayudan a influenciar a quienes están comenzando a caminar junto a mí en el servicio del ministerio. Sé que cuando usted comience a leer este libro no se detendrá hasta terminarlo, obteniendo una riqueza que le ayudara a servir en el ministerio a estilo de Bernabé.

Rodolfo Sáenz S.
(Pastor y ejecutivo de las Asambleas de Dios en Costa Rica.)

Prefacio

El automóvil se detuvo frente a una pequeña casa en una calle de tierra, en un lugar donde yo no había estado antes. Estaba un poco preocupado por lo que podría pasar después. El largo vuelo de doce horas entre los Estados Unidos y Uruguay me había dejado agotado y desconcertado. Al bajarme del automóvil del misionero, lo observé acercarse a la casa que íbamos a visitar. Con una gran sonrisa, aplaudió antes de llegar a la puerta, como se hace en Uruguay, y dijo unas palabras amables. Cuando la joven pareja abrió la puerta y lo vio, los ojos les brillaban. Nos invitaron a entrar.

La barrera del lenguaje me dejó fuera de la mayor parte de la conversación, pero, por el tono de su voz y la mirada en los ojos de cada uno, no me costó entender de qué hablaban. Hubo momentos de diálogo serio sobre las responsabilidades de la joven pareja a cargo de la fundación de una nueva iglesia y también sobre la nueva vida que llevaban como recién casados. La risa dio paso a ojos llorosos conforme el misionero hablaba un lenguaje que no necesitaba traducción. Él le estaba impartiendo vida a esta pareja, dándole un regalo al que se aferraría durante los tiempos difíciles que vendrían más adelante. Era el lenguaje del ánimo.

Adelante la cinta rápidamente unos meses hasta una escena en un restaurante en Ohio. Ese mismo misionero estaba sentado con un joven pastor que enfrentaba algunas de las decisiones más difíciles de su nuevo cargo. Tomara la decisión que tomara, habría serias consecuencias para todos los involucrados. Aunque tal vez no se diera cuenta esa mañana, ese pastor necesitaba a alguien que le transmitiera vida y sabiduría.

El misionero se inclinó sobre la mesa, miró al joven pastor a los ojos y comenzó a impartirle palabras de vida directa-

mente del Espíritu Santo. No hizo que las decisiones fueran más fáciles de tomar, pero sí le dio al pastor el valor de seguir adelante con lo que era mejor para la iglesia. Isaac Smythia era ese misionero que me habló palabras de ánimo esa mañana.

He tenido el privilegio de viajar con Isaac por tres continentes. No importa adónde vaya, habla su lenguaje de ánimo que la gente entiende sin problemas. Él ha aprendido lo que significa guiar a otros a un lugar en donde puedan ver el amor de Dios para ellos y puedan creer que Dios tiene grandes cosas guardadas que entregarles. Ya sea un niño que necesite reírse o un joven fundador de una iglesia que se pregunta si se habrá equivocado de llamado, o un individuo agotado que necesita a alguien que crea en él, Isaac habla decidida y claramente el lenguaje del ánimo.

El camino Bernabé no solo repite una historia bíblica. Este libro es el resultado de un aprendizaje, a lo largo de toda una vida, de principios de liderazgo que a su vez imparten vida. Si uno viera el currículo de Isaac, leería de su tiempo como pastor de una iglesia local, como director de un instituto bíblico, como fundador de iglesias y como director de un centro de rehabilitación de farmacodependencia. Leería que su educación lo califica como pastor, consejero y misionero bien entrenado. Empero, lo que hace que Isaac sea un gran ejemplo a seguir y un gran líder en el reino de Dios es el lenguaje que habla mejor que nadie que yo conozca: el lenguaje del ánimo.

La historia neotestamentaria de Bernabé nos habla de un animador que marcó el curso de la historia de la iglesia. Su disposición para invertir en la vida de otros tuvo un impacto que solo podremos apreciar en su totalidad cuando lleguemos al cielo. Mi oración es que usted también llegue a hablar con fluidez el lenguaje del ánimo conforme pasa tiempo aprendiendo El camino Bernabé.

Chad Gilligan (Pastor principal, iglesia Calvario, Maumee, Ohio, EE.UU.)

Para Terry

Después de Jesucristo, la luz de mi vida.

Agradecimientos

Para mí, escribir un libro es como preparar una cena elegante de varios cursos. El proceso de comprar, preparar y cocinar a menudo queda en el olvido tan pronto como el último plato y la última cuchara se han lavado y guardado. Solo quien cocinó recuerda cada paso y aprecia sinceramente a todos los que le ayudaron a hacer de esa cena una realidad.

Muchas gracias al pequeño grupo de personas que me ayudó a hacer realidad este libro. Doug Clay me hizo firmar una promesa en una nota de que yo terminaría de escribir los últimos capítulos que tenía en abandono desde hacía mucho tiempo. Beth Veller hizo las primeras correcciones del manuscrito. Mi editora, Tracey Moore, pasó un sinnúmero de horas editando y ayudándome a reescribir muchas porciones de El camino Bernabé. Ruth Monterroso tradujo el libro al español y Karen Suárez editó la traducción, y ambas trabajaron diligentemente para asegurarse de que las historias y los principios de El camino Bernabé se comunicaran fielmente. Angela Kingriter formateó el libro y diseñó la portada. ¡Cuánto los aprecio a cada uno de ustedes!

Finalmente, le agradezco a nuestro Padre celestial. Él hizo que la historia de Bernabé captara mi atención hace muchos años, me enseñó cuán buen líder era este apóstol, y me inspiró a escribir El camino Bernabé.

Índice

Introducción

Cuando llegó a Jerusalén...Bernabé lo tomó

El hombre del Oriente Medio se cubrió la cabeza con el manto de oración y se asomó por la esquina. Observó al joven fariseo que, distraído, pateaba ligeramente el polvo con la sandalia antes de sentarse a la orilla del pozo. Entrecerraba sus ojos oscuros mientras miraba alrededor de la plaza, buscando, esperando. El joven estaba bien vestido, era más bien bajo de estatura y comenzaba a quedarse calvo.

Parecía estar solo, pero ¿cómo estar seguro? Podría ser una trampa. Su reputación era conocida por todos. El observador titubeaba y se ajustaba el manto de oración en la cabeza. En la tarde soleada, una gota de sudor le bajó por la nuca mientras observaba. ¡Había tanto en juego! Los líderes no confiaban para nada en este supuesto nuevo seguidor del Mesías. Sin embargo, había algo en él... Era más que una corazonada, pero no lo suficientemente fuerte como para apaciguar las insistentes dudas en la mente del observador.

<<Padre>>, oró, <<Tú lo sabes todo. Te ruego que me guíes, me protejas y me des sabiduría>>. Respiró hondo y, lentamente, se descubrió la cabeza. Dobló la esquina y caminó hacia el pozo. En su voz se percibía mucha más confianza de la que en realidad sentía cuando dijo: <<Hermano Saulo, me llamo Bernabé>>.

(Basado en Hechos 9:26-27)

¿Qué fue primero? ¿La manzana o el árbol? ¿El huevo o la gallina? Para los que reconocen a Dios como Creador no hay duda. Dios creó los árboles, las gallinas, las plantas, los animales y a los humanos. A cada uno lo creó con el mandato de reproducirse por medio de su semilla. Si uno rastrea las semillas de la iglesia hasta sus orígenes, llegará hasta Jesucristo, el autor y perfeccionador de nuestra fe. Él hizo mucho más que dar su vida en la cruz. Invirtió tres años de su tiempo en la tierra en la vida de sus discípulos, quienes, a su vez, llevaron las buenas noticias de su reino de Jerusalén a Judea, a Samaria y hasta lo último de la tierra.

Después de Cristo, ¿quién fue el líder más influyente de la iglesia primitiva? Muchos señalarían al apóstol Pablo. Él llevó el mensaje primero a Turquía y luego a Europa. Les testificó a reyes y gobernantes del poder de Jesucristo, y sus cartas forman una gran parte del Nuevo Testamento.

Pero si uno da un paso aún más atrás en el tiempo, puede que surja en su mente otro líder de la iglesia primitiva. Bernabé vio algo en Saulo cuando los apóstoles rehusaban reunirse con ese joven. Más adelante, cuando habían enviado a Saulo de regreso a casa después de que le creara algunos problemas a la incipiente iglesia que luchaba por surgir en Jerusalén, Bernabé fue a Tarso, en el centro sur de Turquía, a buscarlo. También lo llevó consigo en el primer viaje misionero.

Juan Marcos fue otro joven líder cristiano cuya vida se vio muy influenciada por Bernabé. Muchos están de acuerdo en que el libro de Marcos fue el primer evangelio que se puso por escrito. Además, un 93% de este libro se usó cuando se escribieron los evangelios de Mateo y Lucas. A Juan Marcos también se le conoce como el fundador de la poderosa iglesia en Alejandría, Egipto, a través de la cual se abrió la puerta para la expansión del evangelio en África.

Este es el mismo Marcos que abandonó a Bernabé y a Pablo durante su primer viaje misionero. Un tiempo después Bernabé insistiría en darle a Marcos una segunda oportunidad a pesar de la vehemente oposición de Pablo, quien no podía ver más allá de la deserción de Marcos en las costas de lo que hoy es Turquía. Bernabé, en cambio, vio algo que Pablo no podía ver. Y debido a ello, tuvo que pagar un alto precio pues, después de un serio altercado entre los dos apóstoles, Pablo y Bernabé se separaron. A partir de ese momento, Pablo llevó consigo a Silas en los siguientes viajes narrados en el resto de Hechos. Bernabé, a su vez, se llevó a Marcos a Chipre y desapareció de las páginas de las Escrituras.

Solo Dios sabe lo que habría pasado en la vida de Pablo sin la influencia de Bernabé. Y nosotros solo podemos especular si Marcos hubiera acabado escribiendo su Evangelio y viajando a África, si no hubiera sido por la intervención de Bernabé en su vida. Pero sí podemos afirmar que, efectivamente, Bernabé tuvo mucha influencia en la vida de estos dos líderes cristianos. Su liderazgo sembró semillas que dieron mucho fruto, pues entre Pablo y Marcos escribieron casi un tercio del Nuevo Testamento y entre los dos fundaron iglesias desde Europa hasta África.

Así que, ¿qué fue primero o qué tuvo más impacto? ¿La manzana o el árbol? ¿Estos dos líderes claves de la iglesia primitiva o su mentor? Cualquiera que sea su respuesta, creo que Bernabé nos da una perspectiva particular del liderazgo bíblico. Hay muchas formas de considerar el liderazgo bíblico y de aprender de su rol en la iglesia: libros, sermones, presentaciones audiovisuales, entre otras. La perspectiva de liderazgo que presento en este libro es la que llamo simplemente EL CAMINO BERNABÉ.

La semilla para este libro se sembró en mi vida hace años cuando comencé a considerar la afirmación de Hechos 11:25 "Entonces Bernabé fue a Tarso para buscar a Saulo", y qué significó esto no solo para Pablo sino también para Bernabé. Surgieron de la Palabra tres poderosos datos. Para comenzar, Bernabé vio lo que nadie más vio, primero en Pablo y después en Marcos. Segundo, Bernabé hizo lo que nadie más quiso hacer. Cuando los primeros apóstoles rehusaron hacerlo, y luego cuando Pablo también se rehusó, Bernabé se dedicó a discipular a dos jóvenes seguidores de Cristo que habían sufrido serios contratiempos en su ministerio. Por último, Bernabé pagó un precio que otros no quisieron pagar. Salió de Jerusalén hacia un futuro desconocido en Antioquía. Más adelante dejaría su posición de liderazgo en Antioquía con el objetivo de llevar a Pablo en su histórico primer viaje misionero, para luego dejar su puesto con Pablo a fin de comenzar de nuevo con Marcos.

EL CAMINO BERNABÉ le da seguimiento a la vida de Bernabé en el libro de los Hechos recogiendo los principios bíblicos sobre el liderazgo que deja a su paso. Los pequeños relatos ficticios al inicio de cada capítulo pretenden dar una idea de lo que Bernabé pudo haber sentido durante su ministerio. No son más que mis intentos por narrar con más detalles los esbozos hallados en el registro bíblico.

En este libro observo el liderazgo de Bernabé a través de los lentes de mi propia experiencia. La mayoría de los ejemplos los extraigo del trabajo misionero que mi esposa y yo llevamos a cabo en Uruguay y otras partes del mundo por veinticinco años. Mi oración es que, al leerlo, usted pueda echarle un nuevo vistazo a la historia de Bernabé a través de sus propios lentes y pueda sacar lecciones que le ayuden a influenciar a quienes están construyendo el Reino junto con usted.

El inicio

Bernabé… vendió un campo que tenía y llevó el dinero a los apóstoles

De pie junto a los del grupo que estaban más atrás, José sentía que la cabeza le daba vueltas al intentar organizar en su mente el remolino de recuerdos de las últimas semanas. Todavía en su recuerdo podía ver las lenguas de fuego sobre la cabeza de todos cuando el Espíritu descendió sobre ellos por primera vez. Alguien le había dicho que él también había tenido una sobre su propia cabeza, pero él no había sentido nada. Bueno, la verdad es que lo había sentido todo: el gozo, el asombro, la presión muy dentro de sí que había hecho fluir de su boca el extraño idioma. Pero no había sentido nada sobre su cabeza… Recordaba que apenas se podía sostener de pie al abrir sus ojos unas cuantas veces y ver que los demás también se bamboleaban. No sabía cuánto había durado todo eso, solo que cuando Pedro comenzó a hablarle a la multitud asombrada que se había reunido, la sensación de estar flotando en la presencia de Dios comenzó a aminorar y ya podía sentir que los pies tocaban el suelo otra vez.

Sucedía algo parecido cada vez que los creyentes se congregaban, a veces en casas, a veces en el Templo. Daba igual; todos sabían que cuando se congregaban algo iba a suceder. Los 120 del aposento alto habían llegado a ser miles. Pordioseros, prostitutas, fariseos, y sacerdotes eran bautizados y, de pie uno al lado del otro, adoraban en asombro reverente. Los viejos salmos cantados en rituales agotados de pronto se convertían en carrozas de alabanza del Espíritu que llevaban a quienes cantaban a la presencia de Dios. Y las historias y palabras de los profetas ardían con un fuego nuevo.

Era maravilloso. También era terrible. El sanedrín endurecía su oposición. Nadie podía negar la sanación milagrosa del pordiosero en una de las entradas del Templo; aun así, a Pedro y a Juan los arrestaron y los amenazaron. A otros seguidores del Mesías los expulsaron de sus sinagogas. Había rumores de que un grupo especial de fariseos iba de sinagoga en sinagoga para deshacerse de la gente del Camino. Las familias se dividían cuando padres, cónyuges y hasta hijos se volvían contra seres queridos que se atrevían a confesar a Jesús como su Señor. El hogar de los creyentes se abría para recibir a muchos de los que se iban quedando en la calle. Pero ¡cuántos más seguidores de Cristo, que ahora eran indigentes, estaban en situaciones precarias!

José había observado cómo se multiplicaba el número de indigentes repentinos y se dio cuenta de que Dios tendría que proveer comida y dinero para que pudieran comer. <<¡¡El terreno!!>>. ¿De dónde habría salido ese pensamiento? El terreno lo tenía a modo de inversión desde poco después de haber llegado de Chipre. Instintivamente supo que lo tenía que vender. Felizmente, no le había costado venderlo y hasta le pagaron más de lo que había pensado pedir.

Los ojos de José se volvieron a enfocar en la gente a su alrededor. Su mano, por instinto, tocó la bolsa de monedas amarrada a su cinturón. Esta le respondió con un leve sonido metálico. Zangoloteó la bolsa antes de encaminarse al frente de la multitud y ponerla en el suelo ante Pedro. En los ojos de Pedro, se pudo apreciar el asombro cuando metió la mano en la bolsa y sacó un puñado de monedas de oro y de plata para mostrárselo a la congregación.

<<¡Vean cómo Dios ha provisto!>> Su voz retumbaba. <<Y lo hizo por medio de... ¿Cómo te llamas?, hermano>>.

<<José. José de Chipre>>, contestó despacio y no muy cómodo al sentirse el centro de atención de los que estaban ahí.

<<No. José no>>, se oyó decir a otro de los discípulos. <<Tú eres Bernabé. Eres verdaderamente un "hijo de consolación">>.

De repente, se formó una fila de creyentes que comenzaron a presentar sus ofrendas. Otros se fueron, solo para regresar después con monedas, collares, brazaletes y anillos que aumentaron así la creciente cantidad de donaciones. La Presencia descendió otra vez conforme se elevaba la alabanza de labios de los presentes.

Horas después, José comenzó a abrirse paso hacia atrás entre los cantantes. Por poco no ve a la mujer de pelo gris, pobremente vestida, que le puso la mano en el brazo y le dijo algo.

<<Perdón, hermana>>, comenzó. <<No oí bien lo que dijo>>.

Ella sonrió de nuevo. <<Dije gracias, Bernabé>>. Y con ese nombre se quedó.

(Basado en Hechos 2–4)

El liderazgo cristiano no es una chaqueta que uno se quita y se pone dependiendo de las circunstancias. Es, más bien, la expresión externa de lo que uno es como persona en su interior. Surge de las creencias, los valores y el calibre moral que uno tenga. No importa qué marca se le ponga por fuera al tubo de pasta dental, cuando se oprime, lo que va a salir es lo que está por dentro. Si alguien quiere ser líder, debe tener adentro los ingredientes necesarios antes de que se manifiesten en el exterior.

Los ingredientes para el liderazgo eran evidentes en la vida de Bernabé. Los mismos principios fundamentales que fluyeron de él para moldear tanto a Pablo como a Juan Marcos nos siguen enseñando hoy.

Inicie donde esté. Durante el milagroso nacimiento de la iglesia primitiva, miles de personas se convertían. Los apóstoles no daban abasto tratando de lidiar con su éxito. Durante los tres años previos, los doce discípulos habían sido un pequeño grupo exclusivo bajo la supervisión directa de Jesús y a su cuidado. Sus necesidades habían sido escasas, y ellos poco habían tenido que pensar en los detalles que había que tomar en cuenta para cuidar del grupo. Sin embargo, el día de Pentecostés, la iglesia pasó a tener más de tres mil convertidos. De pronto había un gran número de personas, muchos de ellos dependientes de los apóstoles para su siguiente comida.

¡Entonces Bernabé entra en escena! Bien puede haber sido que él estuviera entre los setenta a quienes Jesús envió a evangelizar en Lucas 10. Tal vez estuvo entre los quinientos que vieron con asombro cómo Jesús ascendía en las nubes al cielo. Posiblemente, estuvo entre los 120 que fueron transformados por el Espíritu Santo el día de Pentecostés en el aposento alto. O quizás estaba entre los tres mil que tomaron la transformadora decisión de hacer a Jesús su Mesías y Salvador.

Aunque poco se sabe del pasado de Bernabé, él es un modelo para quienes procuran llegar a ser líderes cristianos. La naciente iglesia necesitaba dinero para alimentar a los nuevos creyentes, y Bernabé tenía un terreno. Él comenzó con lo que tenía. Decidió vender su propiedad. "Entonces José, a quien los apóstoles pusieron por sobrenombre Bernabé (que traducido es hijo de consolación), levita, natural de Chipre, como tenía una heredad, la vendió y trajo el precio y lo puso a los pies de los apóstoles". (Hechos 4:36-37)

Cuando Jesús alimentó a los cinco mil no comenzó con cinco panes y dos peces. No comenzó con un niño cuya madre se había asegurado de que su hijo no pasara hambre. Comenzó con sus discípulos. Andrés pensó que cinco panes y la generosidad de un niño no eran suficientes para satisfacer la necesidad del momento. Sin embargo, o por desesperación o por frustración, Andrés le llevó a Jesús lo que tenía.

Moisés tuvo un encuentro con Dios que le cambió la vida. Dios lo llamó a sacar a la nación de Israel de Egipto, pero Moisés tenía muchas dudas y preguntas. Le preguntó a Dios cómo sabría el pueblo de Israel que Él lo había enviado. Dios le respondió: <<¿Qué es eso que tienes en tu mano?>> (Éxodo 4:2). Era una vara de pastor, es decir, una vara cualquiera; sin embargo, Dios usó esa vara para hacer milagros.

La clave está en comenzar donde uno está. No espere hasta tener algo que usted cree que valga la pena usar, pues probablemente nunca llegará a estar satisfecho con lo que tiene. No espere a estar suficientemente preparado, porque nunca lo estará. No espere hasta que sea el momento preciso, pues no hay ningún lugar como aquí y ningún momento como ahora. Comience donde usted esté y con lo que tenga.

El domingo 16 de diciembre del año 2000, a las 10:42 a. m., mientras mi esposa Terry y yo alabábamos a Dios, más o menos en la fila doce en el extremo derecho de una iglesia en el centro de Montevideo, Uruguay, Dios me habló. Caí de rodillas, y Él me llamó a plantar diez iglesias en Uruguay.

Discutí con el Señor porque nos sentíamos muy cómodos en el ministerio del instituto bíblico en el que estábamos involucrados. Esto de plantar iglesias era algo nuevo para nosotros. Había otros mejor preparados, mejor calificados y, financieramente, más capaces para plantar iglesias. Al meditar en ello no podía imaginarme cómo iba a lograrse, pero estaba convencido de dos cosas: ¡Dios nos había llamado!, y debíamos comenzar en donde estábamos y usar lo que teníamos.

Procure servir. Bernabé tomó el dinero de la venta de su terreno y se lo entregó todo a los apóstoles. Esta acción desinteresada contrasta con otra donación: la de Ananías y su esposa Safira. Ellos también vendieron una propiedad, pero se dejaron parte del dinero. El resto lo pusieron a los pies de los apóstoles (Hechos 5:1-2).

Ananías y Safira nos modelan un concepto equivocado de liderazgo. Su meta era atraer la atención hacia ellos mismos con su donación. A muchos líderes se les reconocen sus logros; sin embargo, ese reconocimiento es solo un subproducto de su servicio y un pobre indicador de su habilidad para liderar.

Tanto Ananías como Safira cayeron muertos, no porque retuvieron parte del dinero obtenido con la venta, sino porque, por su deseo desmedido de alcanzar reconocimiento, habían estado dispuestos a mentir. Se presentaron como algo que no eran y, como resultado, pagaron un precio altísimo.

El obsequio de Bernabé fue un acto de servicio. Servir es satisfacer la necesidad de otra persona. Puede ser tan sencillo como sostener la puerta para que una pareja de ancianos entre a un edificio, o tan complicado como dedicar la vida a servir a un pueblo que no ha sido alcanzado con el evangelio. En su mejor expresión, el servicio es un valor muy estimado que llega a ser como un filtro a través del cual uno mira todos los aspectos de la vida.

El servicio es el palpitar del liderazgo bíblico. Jesús dijo: "...el que quiera hacerse grande entre vosotros será vuestro servidor, y el que quiera ser el primero entre vosotros será vuestro siervo; como el Hijo del Hombre no vino para ser servido, sino para servir..." (Mateo 20:26-28). Si usted quiere ser un líder, dedíquese a servir.

El servicio inicia cuando uno deja de mirarse a sí mismo. La parábola de Jesús sobre el buen samaritano es una historia sobre el servicio. El Dr. Martin Luther King, Jr. describió así el punto de esta parábola: "La primera pregunta que se hicieron el sacerdote y el levita fue: <<Si me detengo a ayudar a este hombre, ¿qué me va a pasar?>>. Pero,... el buen samaritano hizo la pregunta al revés: "Si no me detengo a ayudarle a este hombre, ¿qué le va a pasar?". El servicio es un asunto de enfoque.

Harry, líder nacional de una iglesia grande en los Estados Unidos, nos estaba visitando en Uruguay para hablar en un congreso de pastores; sin embargo, pasó uno de sus primeros días en cama con problemas en la garganta. En los Estados Unidos era invierno y, pocos días antes de llegar a Uruguay, él había quitado con su pala la nieve de la acera o vereda de 16 casas vecinas. Al hacer ese trabajo tan pesado, se había puesto a sudar a pesar del frío y ahora estaba sufriendo las consecuencias. El deseo de su corazón era servir a los pastores uruguayos por medio del ministerio de la Palabra. No estaba buscando reconocimiento por lo que había hecho desinteresadamente en los Estados Unidos unos días antes, y ni siquiera lo hubiera mencionado si no hubiera sido porque estaba enfermo. Sus vecinos habían tenido una necesidad; y él estaba más que dispuesto a servir.

Afirme a las personas. La iglesia primitiva le puso un sobrenombre a José. Un sobrenombre puede ser una forma de resumir una característica prominente de un individuo. Por ejemplo, a una persona muy alta le podrían decir "Metro flojo", mientras que a una persona bajita le podrían decir "Chaparrito". A José le pusieron Bernabé, "hijo de consolación" (Hechos 4: 36), por una característica suya que hacía que la gente dijera: <<Pueda que tu nombre sea José pero, por cuanto animas y afirmas a las personas, para mí eres un Bernabé>>.

Bernabé animó a los apóstoles con su generosidad. En Hechos 9, animó a Saulo, un joven y recién convertido que trataba de asociarse con gente de la iglesia a la que antes había perseguido. Tiempo después, fue a Tarso a encontrar y animar a un aislado Saulo en Hechos 11. Bernabé también tomó bajo su cuidado a un desanimado y rechazado Marcos y zarpó con él para Chipre (Hechos 15:39), demostrando así una vez más cómo se había ganado el apodo.

Quienes animan a otros se enfocan en la gente más que en las tareas por realizar. La parte principal de la pasión de Jesús sucedió en la semana entre el domingo de Ramos y el Domingo de Resurrección, pero Él pasó la mayor parte de su ministerio en la tierra dándose a los que luego establecerían su iglesia. Comió lo que ellos comían y durmió donde ellos dormían. Una y otra vez los puso en situaciones que los retarían y que les estirarían la fe. Todo estaba enfocado en el día en que Él ascendería a su Padre y los dejaría a cargo de su iglesia.

Los que animan a otros multiplican su esfuerzo. Lo que un líder puede conseguir por sí mismo no es suficiente. El viejo dicho de "si quieres que el trabajo quede bien hecho, hazlo tú mismo" se convierte en "si quieres ver grandes resultados, anima a otros".

En los días siguientes al domingo en que Dios nos dio su visión, Terry y yo oramos sobre cómo íbamos a plantar diez iglesias uruguayas. Teníamos claro que no lo podíamos hacer por nosotros mismos. El único modelo para plantar iglesias que yo conocía en ese entonces era un modelo centrado en el misionero, que lo hacía todo desde el principio: desde evangelizar hasta dirigir los cultos, desde levantar los fondos necesarios hasta dar las clases de escuela dominical; después de varios meses de arduo trabajo, se buscaba a un pastor que pudiera hacer la transición de un liderazgo misionero a un liderazgo autóctono. Sin embargo, sentíamos que debía de haber otra forma de hacerlo, una forma que nos permitiera soltar la iglesia mucho antes, una forma en que se pudiera empoderar a los jóvenes pastores desde el inicio de la nueva iglesia, una forma que resultara en iglesias fuertes. La respuesta que se nos seguía dando era la de varias iglesias, cada una dirigida por un joven pastor a quien conocieran desde el principio.

En el 2003 iniciamos tres iglesias y fuimos los mentores de cuatro pastores. En el 2006 dimos a luz tres iglesias más. Regresamos a los Estados Unidos y tuvimos otro ministerio, pero después, en el 2012, comenzamos las tres últimas iglesias. En estas tres ocasiones, nos enfocamos en los pastores. En total los diez pastores hicieron el trabajo de plantar y pastorear. Las iglesias crecieron, y no hubo necesidad de un período de transición cuando Terry y yo dejamos de estar involucrados en esas iglesias. Habíamos comenzado donde estábamos y habíamos animado a los nuevos pastores.

El liderazgo comienza con una decisión de iniciar donde uno esté y con lo que uno tenga. Los éxitos y los fracasos pasados no determinan qué es lo que uno va a hacer. Esto depende de cuán decidido esté uno para iniciar. La meta que definirá la ruta es el servicio a los demás. El servicio le provee a uno una razón para continuar, y le da significado al sacrificio. Animar a otros es el secreto de un liderazgo exitoso. Quienes más hacen para influenciar vidas y animar a todos aquellos con los que entran en contacto serán recordados como líderes bíblicos eficaces.

La confianza

Cuando llegó a Jerusalén, trataba de reunirse con los discípulos; y todos le temían... Pero Bernabé

Bernabé sonreía con tristeza mientras esperaba a la entrada del cuarto donde los apóstoles estaban reunidos. Sin querer podía escuchar las voces que se filtraban por la delgada cortina que hacía de puerta.

<<¿Cuántos hermanos y hermanas más podemos darnos el lujo de perder solo para saber si podemos confiar en este loco?>>, preguntó alguien.

Otro comentó: <<Yo estuve en el funeral de Esteban y vi, sin poder hacer nada para impedirlo, cómo se llevaban a la cárcel a varios hermanos por culpa de Saulo>>.

<<Y, ¿para qué fue a Damasco? ¿No fue para meter más creyentes a la cárcel?>>.

<<Pero, ¿y si realmente ha cambiado? Todos sabemos que el Maestro jamás lo habría rechazado>>.

Varios más se unieron al debate. Las voces subían de tono, pero callaron de pronto cuando se pudo escuchar una voz por encima de las demás: << ¿Le ha hablado el Señor a alguno de ustedes? ¿No? Entonces, yo digo que esperemos>>.

<<Pero, ¿qué hacemos entonces con Bernabé>>. Las voces se convirtieron en un murmullo conforme continuó la conversación.

Bernabé se recostó contra la pared de piedra que lo separaba de la discusión. Con la punta de la sandalia, le echó un poco de polvo a un escarabajo negro que trataba de escalar la pared. Observó cómo el insecto insistía en subir la pared a pesar de que él seguía echándole polvo.

Se sobresaltó un poco cuando Pedro hizo a un lado la cortina. <<Hermano Bernabé, no nos podemos poner de acuerdo sobre si nos reunimos con Saulo esta vez o no>>. Cuando Bernabé intentó hablar, Pedro lo interrumpió levantando la mano y agregó: <<Sin embargo, no nos vamos a oponer si usted sigue convencido de que es importante reunirse con él. Hable con él. Constate si lo que dice sobre haber visto a Jesús es cierto, y vuelva para que nos informe >>.

Bernabé afirmó con la cabeza y dio media vuelta para salir, pero Pedro continuó: <<Si de veras piensa reunirse con él, búsquenos antes, para que podamos orar con usted>>.

(Basado en Hechos 9:26)

Uno de los aspectos fundamentales del liderazgo es la confianza. En pocas palabras, si yo no puedo confiar en usted, no lo voy a seguir.

En una tarde soleada hace mucho tiempo, yo estaba en la piscina de la comunidad. Contaba con tan solo diez años de edad y el agua apenas me tapaba las rodillas. Mi hermanita Rut, de tres años, estaba parada al borde de la piscina, y en su cara se podía ver el miedo. Con los brazos extendidos para atajarla le dije que saltara. Dudó un instante y retrocedió, pero yo la volví a llamar. Después de lo que me pareció una eternidad, Rut se acuclilló un poco y se tiró a mis brazos. Su miedo al agua pasó a un segundo plano ante la confianza que tenía en que su hermano mayor no le iba a quedar mal.

Los apóstoles no confiaban en el joven Saulo, tal vez porque el recuerdo de la muerte de Esteban y de otros creyentes todavía estaba muy fresco en su memoria. Habían perdido amigos a manos de este joven líder judío que, apenas hacía poco tiempo, había estado "respirando aún amenazas y muerte contra los discípulos del Señor" (Hechos 9:1). Pero sí confiaban en Bernabé. Él se había ganado el derecho de ser escuchado por los líderes de la incipiente iglesia.

Crear confianza es como construir una casa de ladrillos. Se van poniendo acciones o palabras que inspiran confianza una sobre otra. Cada uno de estos ladrillos está compuesto por cuatro elementos: integridad, capacidad, transparencia y consistencia.

Integridad. Una de las características más importantes de una casa bien construida es su integridad. Una casa con integridad tiene estructuras fuertes que la mantienen intacta y protegen su interior de los elementos dañinos del exterior, ya sea el frío o el calor extremos, la lluvia, o cualquier otro que pueda causar daños irreparables.

Jesús nos pinta un cuadro interesante de cómo construir en nuestra vida con integridad:

Cualquiera, pues, que me oye estas palabras, y las hace, le compararé a un hombre prudente, que edificó su casa sobre la roca. Descendió lluvia, y vinieron ríos, y soplaron vientos, y golpearon contra aquella casa; y no cayó, porque estaba fundada sobre la roca. Pero cualquiera que me oye estas palabras y no las hace, le compararé a un hombre insensato, que edificó su casa sobre la arena; y descendió lluvia, y vinieron ríos, y soplaron vientos, y dieron con ímpetu contra aquella casa; y cayó, y fue grande su ruina (Mateo 7:24-27).

Ser una persona de integridad significa no permitir que las situaciones o tentaciones que me rodeen influencien o destruyan el núcleo de justicia y honestidad que mantengo ante el Señor.

¿Pone usted este principio bíblico en práctica? ¿Las personas que mejor lo conocen creen lo que usted dice? ¿Los miembros de su familia confían en que usted cumplirá con lo que les promete? ¿Saben sus colegas de la empresa que usted no va a hablar de lo que se le dijo confidencialmente? Estos son todos asuntos de integridad que conforman la estructura de lo que uno es y protegen el corazón contra las influencias del exterior.

Capacidad. Pamela y Guillermo estaban sentados en el consultorio del cirujano Albert Smith. Observaban los diplomas y las fotografías que cubrían las paredes. Además de los consabidos diplomas y logros médicos, la pareja de adultos estudió las fotos del "Capitán Smitty" cuando estaba en servicio militar en Iraq.

El hombre que iba a remover el tumor mamario del tamaño de un grano de maíz del seno izquierdo de Pamela era un cirujano de combate condecorado. En medio de sus dudas y temores, ver esas fotos de las banderas del ejército enfrente de unas tiendas de campaña empolvadas, vehículos blindados que transportaban personal militar, y hasta una del interior de una unidad móvil de cirugía, les ayudó. Sabían que podían confiar en este hombre.

Ser competente quiere decir que puedo llevar a cabo las tareas que se me asignen, y que sé lo que estoy haciendo. Esto viene como resultado de estudiar y practicar para adquirir una habilidad, cualquiera que sea, como curar el cuerpo humano o preparar los formularios de los impuestos sobre la renta, entre otras.

La capacidad es un componente clave de la confianza. Se puede tener integridad, pero si se duda de la capacidad que se tiene para demostrar excelencia, a la gente le va a costar confiar en uno. La gente podrá confiar en mí si sabe que tengo la capacidad, las habilidades y la confianza en mí mismo para hacer lo que hay que hacer.

Transparencia. Por un tiempo vivimos al final de una calle que pasaba frente a varias casas que tenían grandes ventanales en su fachada. Cuando pasábamos en automóvil frente a esas casas al anochecer, a mi esposa y a mí nos llamaba la atención cuántos de esos vecinos a menudo dejaban las cortinas abiertas, lo que nos permitía mirar su sala o living. No sé si querían ser así de transparentes o no, pero su hogar y su vida en esos momentos eran como un libro abierto que podían ver quienes pasaban frente a su casa.

La segunda carta de Pablo a la iglesia de Corinto demuestra el deseo que él tenía de ser muy transparente con esa iglesia que él mismo había fundado unos años antes. "Nuestra boca se ha abierto a vosotros, oh corintios; nuestro corazón se ha ensanchado" (2 Corintios 6:11). En otras palabras, Pablo les dijo que él les había hablado sin tapujos, y sin esconder una agenda secreta que podría llegar a usar después contra los creyentes corintios.

Ser transparente significa que cuantos menos secretos uno tenga, más sano y más efectivo será. Es muy difícil mantener secretos escondidos muy adentro. El tiempo, el esfuerzo y la energía emocional que se necesita para mantenerlos, le deja a uno muy poco combustible en el tanque para usar a favor de alguien o de algo más. Una simple e inocente pregunta me puede llevar demasiado cerca de verdades dolorosas que no quiero que se me escapen. Si más bien escojo ser transparente, la energía y el esfuerzo mental que antes usé para proteger esos secretos se pueden encausar hacia un nuevo proyecto.

Una transparencia sana no quiere decir que de ahora en adelante dejará de haber confidencialidad o privacidad. Al contrario, la transparencia tiene límites que protegen las áreas privadas de mi vida. En términos generales, las casas no están hechas solo de ventanas; también tienen puertas y paredes para mantener privadas algunas áreas.

Una transparencia sana me asegura que puedo mantenerme enfocado en las metas que Dios ha dispuesto para mí. Un esposo amoroso compartirá con su esposa cualquier circunstancia que pudiera llegar a afectar su matrimonio. Una esposa amorosa haría lo mismo. Este tipo de apertura no solo cubre y protege una relación matrimonial fuerte, sino que también constituye la base sobre la que se erige el liderazgo.

La transparencia no solo exige no disfrazar las metas y las agendas importantes, sino también que uno sea abierto con respecto a esas metas y agendas. Significa que el pastor hablará abiertamente con el liderazgo de la iglesia sobre los planes y las aspiraciones que tiene para el grupo de creyentes al que ha sido llamado a dirigir. Cuando un líder esconde sus metas e intenciones de sus subordinados, está poniendo en peligro las relaciones interpersonales y las mismas metas. Generalmente, una fiesta sorpresa de cumpleaños se aprecia, pero un cambio sorpresivo en la dirección de una iglesia o una organización, con frecuencia, generará confusión y hasta oposición.

Consistencia. Las casas de ladrillo presentan esquinas muy puntiagudas y junturas de concreto que forman líneas muy rectas porque los ladrillos son consistentes en su tamaño y su forma. El primer ladrillo colocado es igual al último. Eso hace que la casa quede recta y fuerte.

Dios es consistente. La palabra teológica que expresa este concepto es inmutable, que no cambia. El salmista lo dice así: "El consejo de Jehová permanecerá para siempre; los pensamientos de su corazón por todas las generaciones" (Salmo 33:11). El escritor de Hebreos declara que "Jesucristo es el mismo ayer, hoy, y por los siglos" (Hebreos 13:8). Este Dios consistente exige que también sus discípulos sean consistentes, especialmente si son líderes.

La consistencia garantiza que los demás puedan contar con que yo siempre voy a ser igual. Si bien es cierto que todos experimentamos los cambios y altibajos de la vida diaria, los líderes consistentes pronto restablecen la conducta ecuánime y confiable que otros reconocen y respetan.

Samuel respiró profundamente antes de tocar a la puerta de su supervisor. Necesitaba la autorización para pagar una factura. La había solicitado tres días antes pero no había obtenido respuesta a su correo electrónico. Desafortunadamente, este era un problema con el que estaba muy familiarizado. Nunca sabía cómo iría a reaccionar su jefe. A veces se reía, o le contaba una historia, o le hacía una broma; pero a veces recibía miradas hostiles, regaños o demoras en las decisiones importantes. La inconsistencia de su supervisor era perturbadora. Samuel oró en silencio pidiendo una buena reunión, pero la falta de respuesta a su correo no prometía mucho. El supervisor dijo algo como <<Adelante>>, pero no lo suficientemente claro como para darle a Samuel una idea de lo que podría esperar. Después de respirar profundamente otra vez, abrió la puerta.

Ser consistente no es fácil. El profeta Daniel encaraba un peligroso dilema. Había recibido el edicto del rey Darío de que debía dejar de orar a su Dios por treinta días. Los enemigos de Daniel que le habían tendido esa trampa contaban con su firme devoción a Dios para atraparlo, y el profeta no los decepcionó. "Se arrodillaba tres veces al día, oraba y daba gracias delante de su Dios, como lo solía hacer antes" (Daniel 6:10). Sin embargo, gracias a su consistencia delante de Dios, recibió protección en el foso de los leones y, más adelante, recibió honores de parte del rey.

De hecho, en la historia de Daniel se ven claramente en acción los cuatro componentes de la confianza. Daniel mantuvo su integridad al rehusar transigir en cuanto a su vida de oración. Se le dio un ascenso en la misma corte de sus captores porque todos conocían su capacidad. Su transparencia lo llevó a abrir las ventanas de su aposento de modo que todos lo vieron orando. Y por último, fue consistente en su dedicación al Señor. ¿Resulta, entonces, una sorpresa que Daniel se ganara el respeto y la confianza de reyes?

Integridad. Capacidad. Transparencia. Consistencia. A pesar de lo poco que podemos ver de Bernabé en la Biblia, resulta obvio que él también tenía estas cualidades. Mostró integridad en casi cada aspecto de su vida, capacidad en su labor en Antioquía, transparencia en sus métodos y agenda y consistencia a lo largo de su ministerio con Pablo y después con Marcos. Como en el caso de Daniel, el carácter moral de Bernabé era tan sólido que llegó a ser un líder al que se podía respetar y en quien se podía confiar.

Póngase la meta de ser confiable. Mantenga su integridad. Perfeccione sus habilidades con el fin de que su capacidad se desarrolle. Sea abierto, evite tener secretos para con las personas que cuentan con usted. Manténgase consistente en su trato con los demás. De esta forma estará construyendo relaciones fuertes y confiables tanto con las personas a las que está dirigiendo como con las que lo dirigen a usted.

La visión

Pero Bernabé lo tomó y lo presentó a los apóstoles

Bernabé observaba mientras Saulo buscaba una posición más cómoda sobre el banquillo en que estaba sentado en una esquina del pequeño cuarto. El sol de la tarde se asomaba por las hendijas de la puerta y las ventanas cerradas, lo que añadía un poco más de claridad a la débil luz de las lamparitas de aceite que colgaban de las paredes. El humo de las lámparas permeaba el aire. Después de que se había acercado a Saulo en el pozo y se había presentado, Bernabé había llevado al joven fariseo a ese cuarto oscuro tratando de mantener la reunión tan secreta como se pudiera.

Bernabé sonrió nerviosamente y se aclaró la garganta. <<Oí decir que tuviste un encuentro con el Señor, pero, si no te importa, ¿podrías contarme en tus propias palabras lo que pasó camino a Damasco?>>.

Los ojos de Saulo se iluminaron. Se inclinó hacia adelante, y las palabras comenzaron a fluir de su corazón como una catarata. Expresaban la pasión que él había sentido por proteger lo que había considerado la forma verdadera de adorar a Dios, las inquietantes preguntas que surgieron al ver la expresión en la cara de Esteban cuando perdonó a los que le quitaban la vida, y luego la innegable realidad que circundó su propio encuentro personal con Cristo Jesús.

Bernabé preguntó: <<Ah, ¿entonces sabías que era Jesús cuando te comenzó a hablar?>>.

La voz de Saulo titubeó por primera vez, y su mirada se opacó. <<Creo que más que saber que era Él, temía que lo fuera. Es decir, no tengo idea de cuántos creyentes están muertos por culpa mía...>>. Su voz se fue reduciendo a casi un susurro.

Bernabé se puso de pie despacio mientras primero una y luego otra lágrima corrían por la mejilla de Saulo hacia su barba. Ser acercó al experseguidor y le puso una mano en el hombro. <<Saulo, el Maestro nos enseñó sobre el poder del perdón. Yo conocía a Esteban, y muchos de los que tú...de los que ahora están con el Señor eran amigos míos. Puedo ver que Jesús te ha perdonado. Creo que necesitas saber que yo también te perdono>>.

La cabeza de Saulo se inclinó aún más, y se le encorvó más la espalda cuando dio un largo suspiro. Al ver Bernabé cómo el joven lidiaba con sus sentimientos, algo pasó muy en el fondo de su propio espíritu. Fue como si el sol de la mañana atravesara el umbral de la puerta disipando las sombras de la noche. Vio que la mano de Dios estaba sobre Saulo y también que Dios lo iba a usar para formar su iglesia. Bernabé supo en ese instante que Dios lo estaba llamando a él para ayudarle al joven Saulo a llegar a ser el instrumento escogido para construir esa iglesia.

Bernabé caminó hacia la ventana y la abrió de par en par. Se asomó a la calle y dijo sobre su hombro: <<Venga conmigo, hermano Saulo. Es hora de que conozca a Pedro y a sus otros hermanos y hermanas en Cristo>>.

(Basado en Hechos 9:26,27)

De hecho, no contamos con un registro de la primera reunión de Bernabé con Saulo. En algún momento, Bernabé estuvo cara a cara con quien antes había perseguido a la iglesia y pudo ver algo que le llamó atención. Así comenzó una relación que cambiaría la vida de ambos hombres.

Tener visión es la habilidad de mirar más allá de lo obvio a fin de ver lo que podría ser. Parafraseando a uno de los personajes en una obra de teatro de George Bernard Shaw, el finado senador de los Estados Unidos, Robert F. Kennedy dijo: <<Algunas personas ven las cosas como son y se preguntan por qué; yo sueño con cosas que nunca han sido y me pregunto por qué no>>.[1] La visión es la piedra angular del gran liderazgo.

Ser visionario es a menudo una perspectiva muy solitaria. La gente alrededor de uno lo va a cuestionar y va a dudar de las posibilidades que uno ve como realidades. Darán mil razones para cuestionar lo que uno ve. De hecho, mucha gente buena y honesta jamás verá lo que uno ve. El pionero del automovilismo, Henry Ford, vio una mejor manera de armar automóviles por medio del proceso de la línea de ensamblaje mientras los demás estaban todavía manufacturando cada automóvil pieza por pieza. Los hermanos Wright vieron personas volando y construyeron el primer avión que funcionó cuando todos decían que era imposible. El dirigente estadounidense en pro de los derechos humanos, Martin Luther King, Jr., le habló de su sueño de ver a niños blancos y negros jugando juntos a una nación que había dividido a los negros y a los blancos en dos grupos muy desiguales.

La visión es el distintivo de un gran liderazgo, pero no surge de forma automática.

La visión a menudo inicia con una sensación de incomodidad o insatisfacción con las cosas tal como están. Las circunstancias no importan tanto como la sensación de que podrían ser diferentes. Las latas de metal, tan comunes en la industria alimentaria hoy en día, se inventaron en 1810 para transportar comida a los ejércitos de Napoleón en el campo de batalla. Las primeras las hicieron de hierro y a menudo pesaban más que la comida que venía dentro. Además, había que abrirlas con martillo y trancha. En 1846 se inventaron moldes especiales y se hizo más delgada la lámina de metal. Para 1858 apareció un abrelatas que más parecía una bayoneta con una hoz, y para 1870 se hizo el abrelatas que nos resulta más familiar a nosotros hoy.[2] En nuestros días, muchas de las latas tienen un abridor incorporado de modo que no hace falta tener un abrelatas. Cada paso en la evolución de la lata se dio cuando alguien comenzó a sentirse insatisfecho o disconforme con lo que había y comenzó a pensar en lo que podría llegar a ser.

Bernabé nunca se sintió contento con la manera en que estaban las cosas. Esa era una de las características de su ministerio. Él vio el cisma que había entre un Saulo aparentemente arrepentido y el grupo de creyentes cauto y temeroso, por lo que llevó en persona al joven recién nacido en Cristo ante el liderazgo de la incipiente iglesia. Vemos, de nuevo, la visión de Bernabé cuando deja Antioquía para buscar a Saulo en Tarso, y después cuando deja a Pablo para poner a Marcos bajo su tutela. En cada caso hubiera sido más fácil quedarse con lo conocido, lo cómodo y lo aceptable.

Mi primera experiencia con la insatisfacción comenzó con un certificado en la pared de la iglesia a la que asistíamos en Ohio, Estados Unidos. Certificaba el compromiso que la iglesia había adquirido de dar mil dólares al final del año para invertirlos en literatura cristiana en el extranjero. Cada vez que yo entraba a la iglesia, ese certificado me "llamaba". Esa iglesia estaba formada por solo un puñado de creyentes, y el reunir mil dólares parecía una imposibilidad. Pasaron las semanas y nada ocurría. Le mencioné el compromiso al grupo de las señoras de la iglesia y también hablaba de él en las reuniones de oración. Esperaba que alguien captara la visión para recaudar fondos.

Al fin me di cuenta de que alguien sí había captado la visión: ¡yo! Hablé con Terry, mi esposa, y también con el pastor sobre recolectar cosas usadas para hacer una venta de cachivaches. Pronto voluntarios comenzaron a recolectar podadoras de césped usadas, máquinas para lavar ropa, artículos de cuero, todo eso usado. Eran tantos los objetos, que llenamos el parqueo frente a la corte del condado. La venta de cachivaches nos dejó ganancias que cubrían casi todo el monto del dinero que necesitábamos; y la iglesia pudo aportar lo que faltaba. Dios mostró su fidelidad al bendecir el esfuerzo hecho por nuestra pequeña congregación y, al mismo tiempo, al enseñarme a mí a convertir mi insatisfacción en una oportunidad para que Él nos diera su provisión, enseñanza que llegó a ser básica en mi vida.

La visión se enfrenta a la realidad. Saulo había sido un perseguidor de la iglesia. Bernabé no ocultó el pasado de Saulo, ni dio excusas. Nehemías, el profeta del Antiguo Testamento, tuvo la visión de reconstruir los muros de Jerusalén. El Antiguo Testamento narra acerca de la noche en que él se fue a caminar para inspeccionar esos muros. Anduvo sobre los cúmulos de piedras que, en su momento, habían defendido la ciudad. Quería darse una idea de la extensión de los retos que tenía por delante.

Al final del siglo XIX, el francés Ferdinand de Lesseps tuvo la visión de construir un canal a nivel del mar que cruzara el Istmo de Panamá. Además de los problemas de salud por malaria y fiebre amarilla, estaba el reto de cruzar la Cordillera Culebra. Los ingenieros franceses recomendaban un sistema de esclusas para subir los barcos montaña arriba, pero Lesseps insistía en un canal a nivel del mar. El trabajo en el Corte Culebra estuvo plagado de aludes que destruyeron equipo y atrasaron el progreso, mientras el calor y las enfermedades cegaban miles de vidas. Con el tiempo, la compañía Lesseps quebró. Este hombre rehusó encarar la realidad y sufrió las consecuencias. Los Estados Unidos, en cambio, enfocó sus esfuerzos en eliminar primero el flagelo de las enfermedades antes de construir un canal con esclusas que elevarían los barcos para que pasaran la Cordillera Culebra, tal como lo habían sugerido los ingenieros franceses años antes. Hoy día millones de toneladas de carga cruzan el pasaje de 95 km, ahorrándose así un viaje alrededor de América del Sur de casi 33 500 km, gracias a que la empresa estadounidense enfrentó los retos y los superó.[3]

Negar que exista un reto casi nunca lleva a conquistarlo y, además, demuestra que uno tiene muy poca visión. Negar que haya un reto casi siempre destruye la visión y a los visionarios. La visión siempre reconoce la realidad. Es más, la visión encara la realidad.

Una noche hace varios años, la expresión en la cara de mi esposa me decía que estaba batallando consigo misma para decirme algo. Llevábamos nueve años de casados y estábamos en un cuarto de hotel en Columbus, Ohio, durante un retiro de parejas para pastores. El conferencista había hablado con poder sobre la intimidad y la transparencia en el matrimonio. Al final mi esposa logró decirme que de niña alguien había abusado sexualmente de ella.

Esas palabras comenzaron para nosotros un proceso de sanidad que le ha dado forma a nuestra vida y nuestro ministerio. El viaje de sanidad para nosotros ha sido doloroso pero poderoso. Aprendimos que lo que Satanás quiso usar para destruir la vida de mi esposa, Dios lo tomó y lo ha usado para bendición, pues

Terry encaró su realidad y ahora cuenta su testimonio para bendecir a otros. Hoy día hay por lo menos dos señoras jóvenes que son parte del ministerio en Uruguay como resultado de haber escuchado el testimonio de Terry. Cada una de ellas tenía en común una historia similar. Cada una encaró su realidad y pasó por su propio proceso de sanación. Y más importante aún, encarar la realidad con Terry fue la chispa que me hizo a mí interesarme en Bernabé, el "hijo de consolación".

La visión busca posibilidades. <<Quizá él no haya cambiado de verdad>>. Esto lo debe de haber considerado Bernabé al ponderar si convenía o no reunirse con el experseguidor de la iglesia. Pero volvía a pensar en que tal vez sí había cambiado. Y esta otra posibilidad le abrió las puertas a Saulo para llegar a ser el apóstol Pablo y para todo lo que vendría después.

Se le dice lluvia de ideas a la acción de considerar nuevas opciones para lograr algo. Jesús pasó tres años enseñándoles a los discípulos a buscar posibilidades. Inspiró a Pedro a considerar la posibilidad de caminar sobre el agua. Le enseñó a Andrés a buscar posibilidades en dos pescaditos y cinco bollitos de pan.

Las expresiones pensar en posibilidades, pensar fuera de los límites o lluvia de ideas, todas son sinónimos de considerar creativamente nuevas opciones antes de decidirse por un curso de acción. Una nueva pareja de misioneros estaba preparándose para comprar su primer vehículo en el país que había adoptado. Nosotros siempre les advertíamos a los nuevos misioneros, con base en nuestros 20 años de experiencia, que comprar un automóvil en el extranjero era muy diferente a comprarlo en los Estados Unidos. Por ejemplo, una agencia de autos en otros países no permite nunca, y nunca lo hará, que un comprador en potencia le dé una vuelta a la manzana para probar el vehículo que está considerando comprar. Afortunadamente, la joven pareja decidió de todos modos pedir permiso para probar el que les había gustado. A los pocos minutos, estaba dándole la vuelta a la manzana en un vehículo similar al que acabó comprando. ¿La filosofía que tenía esta pareja y que salió premiada? ¡No se pierde nada con pedir o preguntar!

La pregunta <<Y, ¿por qué no?>> da a luz la creatividad. La puerta que siempre ha estado cerrada bajo llave puede un día darle una sorpresa a uno y abrirse.

La visión inspira a los que están alrededor. Winston Churchill era un sólido bastión de liderazgo contra quien oleadas de ataques nazis se desgastaron en los mares alrededor de Gran Bretaña y en los cielos sobre ella. Pasaron cinco años antes de que la nación a la que dirigía y sus aliados pudieran darle vuelta a la marea de la guerra. Una historia que se cuenta sobre Churchill es de una visita que les hizo a los mineros de carbón a fin de que el esfuerzo que se hacía en la guerra pudiera seguir adelante.

> *Al final de su presentación les pidió que se imaginaran un desfile que él sabía que se iba a hacer en Picadilly Circus, en Londres, al finalizar la guerra. Primero, dijo, vendrán los marineros que han mantenido abiertos los corredores marinos, vitales para la nación que es una isla. Después vendrían los soldados que habían regresado de Dunquerque y habían salido para África a derrotar a Rommel. Seguirían los pilotos que habían echado a la Luftwaffe (la fuerza aérea alemana) de los cielos británicos. Y de último vendría una larga línea de hombres con cascos de mineros, sus camisas manchadas por el sudor y la cara llena de hollín. Alguien en la muchedumbre gritaría: <<Y, ¿dónde estaban ustedes en los días críticos de nuestra lucha?>>. Y de diez mil gargantas saldría la respuesta: <<¡Estábamos en las profundidades de la tierra de cara al carbón!>>.*[4]

La visión de Churchill inspiró no solo a estos mineros de carbón sino también a jóvenes y adultos en Gran Bretaña y alrededor del mundo a lograr una de las más grandes victorias económicas y miliares de la historia.

La visión que Jesús tenía de lo que el Padre lo había llamado a hacer prendió un fuego en la vida de los once que luego dieron su vida por las buenas nuevas de que Jesús había derrotado al pecado por medio de su muerte y resurrección.

La visión de Bernabé inspiraría a los apóstoles en Jerusalén a aceptar a Saulo como hermano. Un tiempo después, su visión lo llevó a tomar a Saulo y luego a Marcos bajo su protección, con lo que impactó a ambos jóvenes durante los años de formación de su ministerio.

Permita que su visión llegue a ser su pasión. He hablado con muchos que han compartido conmigo sus sueños y visiones de lo que han sentido que Dios quería que ellos hicieran. Recuerdo a los que hablaron con pasión, los que me convencieron de que nada les impediría llevar a cabo su visión. La pasión que uno tenga lo ayudará a atravesar los primeros días de inexperiencia y equivocaciones, e inspirará a los que estén a su alrededor.

Aprenda a expresar su visión de forma precisa y concisa. Quienes lo escuchen no van a entender lo que usted añora hacer o lograr si no lo puede comunicar de modo simple pero fácil de recordar. Los misioneros de nuestras iglesias levantan apoyo económico para sus ministerios compartiendo con iglesias e individuos, a lo largo y ancho de la denominación. Comparten su visión de lo que Dios los ha llamado a hacer. Esperan que su audiencia se inspire a unirse a los misioneros en oración y con sus ofrendas. Cuando Terry y yo apenas comenzábamos a levantar apoyo económico, un pastor nos dio una gran ayuda al pedirnos a cada uno de los misioneros que compartiéramos nuestro llamado con su congregación pero en siete minutos o menos. Eso nos obligó a reducir al mínimo nuestra presentación, pero sin perder la pasión que sentíamos tan profundamente. Jamás se me va a olvidar el estar ya ahí de pie frente a la congregación, muy nervioso, tratando de convencerlos de que Dios nos había llamado a Terry y a mí a servir en Uruguay. Bajé de la plataforma justo a los siete minutos, y esa iglesia se unió a la creciente familia de personas e iglesias que nos ha apoyado económicamente todos estos años.

Bernabé vio cosas que otros o no pudieron o no quisieron ver. Su visión comenzó con una insatisfacción con las cosas tal y como estaban. Nunca se conformó con lo que era cómodo o aceptable sino que escogió lo desconocido. No tuvo temor de enfrentar la cruda realidad y, sin embargo, con Saulo y con Marcos miró más allá de los fracasos pasados para visionar futuras posibilidades. Su visión inspiró a otros a hacer lo mismo.

La visión de Bernabé impactó poderosamente a la gente a su alrededor. En su caso, ¿qué es lo que usted ve?

El fracaso

Los judíos helenistas...intentaban matarlo (a Saulo). Pero cuando los hermanos lo supieron, lo llevaron a Cesarea, y de allí lo enviaron a Tarso

<<¿Me habré equivocado con respecto a Saulo?, Señor>>. Esta oración queda de Bernabé recibió silencio por respuesta. De todos modos él ya la sabía. No se había equivocado acerca de la conversión de Saulo. Tampoco se había equivocado en cuanto al celo de Saulo por el Evangelio de Jesucristo, pues para él había sido evidente desde el principio. Pero los intentos de Saulo por compartir la buenas nuevas de gran gozo rápidamente habían degenerado en amargos debates sobre si se debía obligar a los judíos a aceptar a Jesús como Mesías o no.

Bernabé bajó la vista hacia el puerto y luego se volvió hacia Saulo, a su izquierda. Los ojos del joven estaban abatidos y la expresión de su rostro reflejaba la agitación de su alma. Andrés y Juan caminaban delante de ellos. De vez en cuando Juan miraba hacia atrás sobre su hombro con preocupación en sus ojos. El único sonido provenía de un sordo ruido de sandalias en el camino de tierra que bajaba al puerto de Cesarea.

Los marineros estibaban el embarque de aceite de oliva en el Gaulus. Esa carga iba rumbo a Tarso. El capitán de la nave le confirmó al grupo que, efectivamente, su barco tenía programado zarpar con la marea de esa mañana, y que sí tenía espacio para otro pasajero. Él calculó el precio del pasaje para Saulo y Bernabé le pagó apresuradamente.

Parecía que el Espíritu todavía estaba con ellos. Bernabé se maravilló de cómo todo se había dado en la última semana para llegar a este momento. Los apóstoles tuvieron que

actuar rápido para auxiliar a Saulo. Y desde el momento en que habían sacado a Saulo a escondidas de Jerusalén, no se había vuelto a escuchar más sobre la trama de los judíos griegos de darle muerte.

Bernabé miró con tristeza al joven, con sus pocas posesiones al hombro, subir con lentitud por la pasarela que iba del muelle al barco. Saulo se volvió pausadamente y miró a los que lo estaban enviando de regreso a casa. No sonrió, ni se despidió con un ademán. Solo les dirigió una mirada interrogante a las personas a quienes una vez había perseguido, a quienes luego se había unido con entusiasmo, y que ahora esperaban en silencio en el muelle solo el tiempo necesario para asegurarse de que no saltaría del barco antes de que este zarpara.

Cuando soltaron las amarras y mientras el barco se desplazaba lentamente hacia la corriente, Bernabé se preguntaba: <<¿Qué estás haciendo?, Señor>>. Este joven prometía tanto y, sin embargo, el desastre parecía seguirlo adondequiera que iba. No obstante, Bernabé seguía convencido de que Dios encontraría la forma de cumplir la palabra que había dado acerca de Saulo: "...instrumento escogido me es éste, para llevar mi nombre en presencia de los gentiles, y de reyes...".

(Basado en Hechos 9:28–30)

Quienes creen que el fracaso no es una opción rara vez se aventuran más allá de los límites de sus propias zonas de comodidad. Por otro lado, quienes se arriesgan están conscientes de que tarde o temprano van a experimentar algún tipo de fracaso. Saulo fracasó en su primer intento de convertirse en un líder cristiano y, en cierto sentido, Bernabé también fracasó, pues Saulo pudo ministrar en la iglesia tan solo porque contaba con el aval de Bernabé, quien arriesgaba así su propia reputación y la confianza que los apóstoles habían depositado en él.

<<Creo que estoy haciendo más mal que bien>>, le dije a Terry mientras con cansancio abría la puerta de nuestra casa después de un largo día. Estábamos en nuestro primer término como

misioneros, y a cargo del instituto bíblico local. En esos días yo estaba lidiando con un problema de disciplina de parte de uno de los primeros estudiantes en vivir en la residencia del instituto. El estudiante iba a ser suspendido.

Aunque en mi opinión yo había manejado bien la situación inicialmente, en realidad no entendía la cultura de los estudiantes. Cuando sus compañeros me pidieron que les contara lo que había pasado, les expliqué que no podía darles los detalles del proceso disciplinario. Sin embargo, esos siete estudiantes eran como una familia y sentían intensamente la pérdida de su compañero de estudio. Yo no entendía que ellos necesitaban conocer el proceso que se estaba siguiendo y que culminaría en que su amigo tuviera que dejar el instituto bíblico. Pensé que solo estaban curioseando y, como resultado, casi pierdo a la clase entera cuando amenazaron con abandonar el instituto esa misma tarde.

Esa noche me tiré en la cama y me cubrí la cara con una almohada por las lágrimas que me corrían por las mejillas. Fue entonces cuando oí al Señor hablando a mi corazón: <<¿Podrías ofrecer lo que has hecho como ofrenda para mí?>>. ¿Cómo podría yo levantar mi fracaso al Señor? Era como presentarle a Dios un cordero ciego y con una pata quebrada. Sin embargo, tres veces me lo pidió hasta que finalmente alcé mis manos como entregándole una ofrenda a Él.

Nada cambió; al menos no inmediatamente. La tensión se mantuvo fuerte, proyectando una sombra sobre todo lo que hicimos hasta el final del año escolar. Sin embargo, ese momento se convirtió en una forja muy caliente en mi vida que derritió gran parte de mi orgullo y sirvió de base para todo lo que hemos visto suceder en nuestro ministerio en los últimos años.

Bernabé se había arriesgado al darle su respaldo a Saulo, y parecía que todo había sido un fracaso. Sin embargo, a pesar de cómo se veía todo en ese momento, tenía que confiar en que Dios de alguna manera iba a tomar el fracaso de Saulo y su celo mal empleado y los iba a convertir en algo bueno.

Estos tres principios pueden ayudarle a cambiar su forma de ver los fracasos.

1 No confunda expectativas sin cumplir con fracasos. Para la mayoría del liderazgo judío de los tiempos del Nuevo Testamento, Jesús fue un mesías fracasado. A pesar de sus milagros y enseñanzas, Jesús no cumplió con las expectativas que ellos tenían en cuanto al Mesías, aquel que vendría a restablecer el Reino de David y a acabar con el dominio de la ocupación romana.

Vemos el mismo concepto en toda la Biblia. La última porción de Hebreos 11 contiene una lista de los héroes de la fe "fracasados".

> *Otros experimentaron vituperios y azotes, y a más de esto prisiones y cárceles. Fueron apedreados, aserrados, puestos a prueba, muertos a filo de espada; anduvieron de acá para allá cubiertos de pieles de ovejas y de cabras, pobres, angustiados, maltratados; de los cuales el mundo no era digno; errando por los desiertos, por los montes, por las cuevas y por las cavernas de la tierra (Hebreos 11: 36-38).*

Estos santos fueron honrados por su fidelidad, pero nunca experimentaron lo que la mayoría consideraría como éxito. El estándar de Dios del éxito y del fracaso es muy diferente al nuestro.

George es un exitoso hombre de negocios cristiano que captó una visión para alcanzar al Uruguay. Fue una persona clave en el patrocinio de campañas evangelísticas en todo el país y ayudó con la compra de muchas propiedades para iglesias. Sin embargo, George a menudo llegaba donde mí muy decepcionado al final de una campaña evangelística o de la fundación de una iglesia. No era lo que había imaginado. Muchas vidas habían sido cambiadas cuando las personas se comprometieron con Cristo; otras habían recibido sanidad divina; matrimonios se habían restaurado. Pero él esperaba miles de conversiones, que muertos resucitaran y mucho más. Mi respuesta siempre fue la misma: <<George, mira lo que Dios ha hecho aquí>>. Y con el tiempo hemos sido testigos de los resultados a largo plazo de su inversión en ese pequeño país latinoamericano. Han sido realmente asombrosos, pero no eran lo que George se había imaginado.

2 No permita que el fracaso lo defina. Un hombre sabio dijo una vez: "No construyan un santuario en la cima de las montañas ni caven su tumba en los valles". Ni los momentos altos ni los bajos ocupan la mayor parte de nuestra vida y ninguno de los dos define tampoco quiénes somos. La lista de fracasos de Abraham Lincoln superó en mucho sus éxitos: en 1832 fue derrotado como candidato por la legislatura estatal, fracasó en los negocios en 1833 y fue derrotado en las elecciones para cargos públicos en 1838, 1843, 1848, 1854, 1856 y 1858. Pero se negó a dejar que esas derrotas lo definieran. En 1860, apenas dos años después de su última derrota, Lincoln fue electo como el décimo sexto presidente de los Estados Unidos y se le recuerda por haber liderado al país durante los años oscuros de la guerra civil de los Estados Unidos.

Pablo pinta un sorprendente contraste en el libro de Romanos: "Como está escrito: 'Por causa de ti somos muertos todo el tiempo; somos contados como ovejas de matadero'. Antes, en todas estas cosas somos más que vencedores por medio de aquel que nos amó" (Romanos 8:36, 37). En otras palabras, cada uno de nosotros elige si permite que los fracasos pasados lo definan o que, más bien, sea la Palabra de Dios la que defina quién es: más que vencedor.

Cuando uno se define por lo que Dios dice en su Palabra, entonces los fracasos se convierten en desvíos, contratiempos y campos de entrenamiento que ayudan a determinar la persona que Dios quiere que uno sea en su Reino. Uno de los pasajes bíblicos favoritos de mi esposa es el Salmo 129. El versículo tres nos dice: "Sobre mis espaldas araron los aradores; hicieron largos surcos. Jehová es justo; cortó las coyundas de los impíos". La imagen que viene a mi mente es la de un caballo que tira del pesado arado del fracaso que va abriendo surcos en las profundidades de mi corazón pero, entonces, Dios corta las riendas y el arnés de ese arado, planta la semilla de sanidad en esos surcos, y la cosecha es siempre mucho más que solo para mí.

3 No permita que el fracaso se convierta en el último capítulo de su historia. Yo estaba de pie justo a la entrada de la carpa evangelística para escuchar a Sergio sincerarse con los presentes. Sergio era un joven fundador de iglesias y parte de nuestro equipo. Estaba por terminar el entrenamiento del instituto bíblico. La nueva campaña apenas arrancaba y él ya enfrentaba una crisis que amenazaba con echar por tierra todo aquello por lo que habíamos estado orando y trabajando tanto.

La semana anterior, un padre de mediana edad había cruzado la muy transitada carretera que pasaba cerca de la propiedad, la cual recién habíamos comprado, para asistir a los cultos evangelísticos. Parecía muy emocionado. Regresó a la noche siguiente con su hija de 16 años. Sin embargo, pocos días más tarde llegó la terrible noticia de que ese padre había matado a su esposa antes de quitarse la vida con una pistola. Unos familiares se habían hecho cargo de la joven.

Sergio estaba devastado. El evangelista que predicaba todas las noches en la campaña le había dicho a este joven pastor, quien todavía estudiaba en el instituto bíblico, que la tragedia había sido su culpa; que de alguna manera Sergio debió haber previsto y prevenido el salvaje ataque. Pero no había sido culpa suya. Había sido más bien un ataque de Satanás diseñado para destruir a una familia y arruinar la fundación de la nueva iglesia, ambos de un solo golpe. Pero para Sergio representaba un fracaso. Hablamos y oramos juntos antes de regresar al culto que estaba comenzando. No teníamos ni idea de cómo el nuevo trabajo se vería afectado. El vecindario entero estaba enterado de lo que había sucedido y observaba cómo responderíamos a la situación.

Nos sentimos tentados a pasar la campaña a otro lugar e incluso a cancelar los cultos por un tiempo. Al final decidimos no permitir que el enemigo nos desviara de la dirección que el Señor nos había trazado de una manera tan clara. La campaña continuó, y hoy la Iglesia Casa de Oración sigue alcanzando con las buenas noticias de Jesucristo a la comunidad que la rodea.

Bernabé no permitió que el fracaso de Saulo fuera el último capítulo en su relación. Saulo tampoco lo permitió. Más bien, el Espíritu Santo usó a Bernabé para que caminara al lado de Saulo a través de un proceso que lo llevó a tener un ministerio poderoso y efectivo.

La crucifixión de Jesús produjo fracasos en sus seguidores. Pedro lo negó. Tomás se negó a creer en la resurrección de Jesús a menos que él mismo pudiera meter su dedo en el lugar de los clavos y en su costado. Todos los discípulos se dispersaron como ovejas. Sin embargo, todos, excepto Judas, regresaron. En este último caso, su acto de traición se convirtió para él en el capítulo final que terminaría cuando se quitó la vida. Dios no lo ha destinado a usted a terminar el libro de su vida con un fracaso.

Después de cada fracaso viene la decisión sobre lo que procede. Un fracaso moral por parte de un pastor trae la decisión de pasar por el doloroso proceso de la restauración o dejar el ministerio para ocuparse de otra cosa. Un embarazo inesperado en una joven adolescente trae la decisión inevitable de abortar, entregarlo en adopción o dejarse al bebé. (En nuestra cultura estadounidense se ha convertido en algo muy fácil quitarle la vida a un bebé que no ha nacido. Hemos hablado con mujeres jóvenes cuya vida ha sido devastada por su decisión de realizarse un aborto). Cualquiera que haya sido la situación, Dios tiene una solución. El fracaso suyo o el de otra persona no tienen que ser el capítulo final de su vida. Permítale al Espíritu Santo comenzar un nuevo capítulo.

Bernabé tuvo que enfrentarse a cualquier expectativa que hubiera tenido sobre el joven Saulo y que no se llegó a materializar. Él no permitió que un aparente fracaso lo definiera a él o a su ministerio. Seguía siendo conocido como el "hijo de consolación", no como el hijo de lo que alguien pudo haber considerado un error. Bernabé no permitió que este aparente fracaso fuera el último capítulo de su vida ni que cambiara quién era él.

Y, ¿qué en cuanto a los fracasos en su vida? ¿Está usted tratando de evitar el dolor de encararlos? ¿Su vida no ha alcanzado sus expectativas? No permita que el fracaso defina quién es usted. Permita que Cristo Jesús le hable por medio de su Palabra. No ignore sus errores, pero no les permita que tengan la última palabra. Permítales ser sus maestros en el futuro. Pídale a Dios que le ayude a comenzar un nuevo capítulo. ¡Bien puede ser que usted quede maravillado con la forma en que termine ese capítulo!

La autoridad

Los que habían sido esparcidos a causa de la persecución...llegaron hasta Fenicia, Chipre y Antioquía...La iglesia de Jerusalén...envió a Bernabé a Antioquía

Bernabé abrió otra vez los ojos en la oscuridad de esa casa desconocida. No podía dormirse. Podía oír roncar suavemente al hermano que lo había recibido en su casa. ¿Cómo se llamaba? Lucio, sí, era Lucio. Los apóstoles le habían dicho a Bernabé que Lucio y su familia le darían de comer y un lugar donde dormir, aunque eso implicara apilar a sus hijas en un rincón para darle al joven líder un lugar donde recostar la cabeza.

En otra habitación, una de las pequeñas llamaba en voz baja a su mamá en la oscuridad de la noche. Bernabé oyó un movimiento, probablemente de la mamá buscando reconfortar a su hija. Una voz baja susurró: <<Cálmate, mi amor. Despertarás al hombre de Dios>>. Bernabé frunció el ceño. Al principio le habían cambiado el nombre a Bernabé. Parecía que ahora le decían "hombre de Dios". Pero, aunque los demás no pudieran percibirlas, él estaba muy consciente de todas sus dudas y debilidades.

Bernabé dio media vuelta y así, de costado, buscó relajarse para ver si al fin se dormía. Desde que había aceptado la petición de los apóstoles de dejar Jerusalén para dirigir al grupo de creyentes en Antioquía, le costaba dormir. Eso había sido hacía poco más de dos semanas. Casi a diario, conforme avanzaba hacia el norte, repasaba la conversación que había tenido con Pedro y Santiago. Había atravesado Samaria y Galilea, rodeado el monte Carmelo y luego el monte de Líbano; había seguido muchos de los caminos por los que Jesús había andado.

<<¿Están seguros de que yo lo pueda hacer?>>. Bernabé miraba primero a un discípulo y luego al otro. Santiago había sonreído. <<Hermano Bernabé, hemos orado largo y tendido sobre quién podría ser la mejor persona para guiar a estos nuevos creyentes>>. Pedro asentía con la cabeza y Santiago continuó: <<Tu nombre era el que salía a relucir, una y otra vez>>.

Bernabé no había estado muy seguro, pero no quería quedarles mal a quienes habían puesto su confianza en él. Y sin embargo, cada largo día de camino había visto surgir nuevas preguntas y dudas. Estos eran los líderes que Dios había escogido, pero, ¿qué tan bien sabían de lo que él era capaz?

Al otro lado del cuarto alguien tosió y luego suspiró. Bernabé se preguntó qué estarían haciendo los apóstoles allá en Jerusalén. Probablemente, estarían reunidos, orando. Buena idea. Tal vez orar en silencio por cada uno de los hermanos le ayudaría a quedarse dormido.

<<Padre, levanto ante ti al hermano Santiago. Sabes, Señor, que él está mucho más capacitado para hacerse cargo de los creyentes de este lugar>>. Hizo una pausa. Sabía que los discípulos estaban haciendo un esfuerzo por mantenerse juntos, por lo menos por ahora. <<Señor, ¿qué es lo que debo hacer? Hay tantos hermanos que no han recibido ninguna enseñanza, que no tienen los fundamentos sobre los cuales yo pueda construir>>. Volvió a detenerse. Ciertamente, algo maravilloso había estado pasando pues una persona tras otra, tanto judíos como gentiles, habían confesado con gozo a Jesucristo como el Mesías. Nadie tenía idea de cuántos. Alguien debía caminar junto a estos nuevos creyentes. Alguien tenía que discipularlos. Alguien... <<¡Está bien! ¡Está bien, Padre! Ya entendí. Aquí estoy. Haré cuánto pueda. Los amaré como Tú me amas a mí. Pero, Señor, por ahora, por favor ¡ayúdame a dormir!>>.

Y, de pronto, como si hubiera dejado caer una pesada carga que hacía mucho llevaba, los músculos de Bernabé se aflojaron, y los párpados se volvieron pesados. Y, bueno, ¿por quién oro ahora? Al despertar en la mañana no lo recordó.

(Basado en Hechos 11:19–22)

Una parte fundamental del liderazgo bíblico es poder trabajar bajo la autoridad que Dios ha puesto sobre uno y someterse a ella. Cuando se es nuevo en el ministerio, hay mucho que aprender y tal vez por eso uno está más abierto a recibir guía y sugerencias. Pero, conforme van pasando los años, uno comienza a ver las debilidades y las faltas en las personas bajo cuyo liderazgo uno sirve. Se ve que los que están en autoridad no son infalibles, y puede que uno experimente en carne propia el resultado de las equivocaciones de ellos. Puede volverse entonces muy difícil acudir a la guía de líderes imperfectos. Y sin embargo, a ellos se les ha encomendado la responsabilidad de tomar decisiones que afectan a todo el que sirve con ellos. Bernabé nos modela cuál debe ser nuestra respuesta a este dilema.

Obediencia, la evidencia externa. En este punto de su ministerio, Bernabé era un líder respetado y en quien la gente confiaba. En la mente de los apóstoles, Bernabé era el candidato ideal para guiar al nuevo y creciente grupo de cristianos de la ciudad de Antioquía. Pero, ¿cómo se sentía Bernabé de tener que dejar a todos los que conocía y todo lo que le resultaba familiar para irse a vivir lejos con el objetivo de ayudar a un grupo de nuevos creyentes? Antioquía era una gran ciudad romana de aproximadamente quinientos mil habitantes. Estaba en un país diferente, era una cultura diferente, y una situación completamente distinta. Solo el viajar de Jerusalén a Antioquía se llevaba aproximadamente dieciocho días. ¿Qué pasaría si los discípulos se habían equivocado con su candidato?

Las acciones de Bernabé dejan ver claramente sus sentimientos. Él obedeció la solicitud de los apóstoles y se fue a vivir a Antioquía. El ceder a la dirección del liderazgo se basa en el principio bíblico de la obediencia, en primer lugar, a Dios, y luego a la autoridad establecida. Jesús les preguntó a sus seguidores: "¿Por qué me llamáis 'Señor, Señor', y no hacéis lo que os digo"? (Lucas 6:46). En otras palabras, <<¿cómo me pueden decir Señor, Salvador y Maestro si no me hacen caso, si no me obedecen?>>. Pedro lleva este principio un paso más allá al incluir a las autoridades terrenales. Nos dice que nos sometamos, por amor al Señor, a toda institución humana, y aún más, que nos sometamos a nuestros líderes "con todo respeto...no solamente a los buenos y afables, sino también a los difíciles de soportar" (1 Pedro 2:13-18).

Kendall y Starla Bridges han escrito un libro poderoso Better Marriage: Against All Odds [Un mejor matrimonio: contra todos los pronósticos] en el que abren su corazón y cuentan del devastador desliz moral de Kendall cuando pastoreaba una iglesia en Houston, Texas, Estados Unidos. Además de todos los niveles de sanación que necesitaba la relación de Kendall y Starla, Kendall estaba decidido a pasar por el riguroso proceso de restauración de su ministerio.

> *No voy a mentir. Esto fue muy difícil. En los días después de mi confesión tuvimos que encarar la decisión de qué íbamos a hacer ahora. Yo había renunciado a mi puesto en la iglesia, pero ahora teníamos que enfrentarnos a cualquier tipo de proceso o acción disciplinaria que yo estuviera dispuesto a aceptar. Era mi única esperanza de volver algún día a participar en el ministerio otra vez.*[5]

Para Kendall esto significó tener que someterse a reuniones semanales con un pastor supervisor, reuniones mensuales con un líder eclesial del área, reuniones bimensuales con el Comité de Relaciones Ministeriales, sesiones de consejería, y reportes mensuales que incluían mis hábitos devocionales y un diario personal. Y como si esto fuera poco, por un año completo no podría servir en el ministerio, y al siguiente año solo podría servir esporádicamente después de recibir permiso, en cada caso, de las personas a las que tenía que rendirles cuentas.

Hoy en día, Kendall y Starla son los pastores principales de Freedom Church [Iglesia Libertad] en Carrollton, Texas, que tiene más de dos mil miembros. El milagro de restauración que los Bridges están viviendo se dio como fruto del amor y el perdón, y gracias a que se sometieron a las autoridades puestas sobre ellos por Dios.

No siempre es fácil someterse a la autoridad. Otras fuentes le ofrecieron a Kendall la opción de someterse a un proceso de restauración de tres meses o a otro de entre seis meses a un año, pero él escogió el camino más largo y más difícil. Al final, su escogencia de someterse al camino más largo le valió el ganarse la confianza no solo de su esposa y de quienes tenían autoridad sobre él sino también de la congregación a la que dirige ahora.

Jesús se sometió a la autoridad de sus padres terrenales (Lucas 2:51), al bautismo de Juan (Mateo 3.13), a las autoridades del Templo al pagar sus impuestos (Mateo 17:27), pero, más importante aún, a la voluntad de su Padre celestial. "Porque he descendido del cielo, no para hacer mi voluntad, sino la voluntad del que me envió" (Juan 6:38). Esa sumisión obediente fue la que compró nuestra salvación cuando Jesús "se humilló a sí mismo haciéndose obediente hasta la muerte, y muerte de cruz" (Filipenses 2:8).

Probablemente, una de las decisiones más difíciles que haya que tomar es ceder ante una persona o situación que nos parezca equivocada o injusta. No siempre es fácil someterse a la autoridad. Los líderes no siempre toman la decisión correcta. Los motivos que ellos tengan son tan falibles como los suyos o los míos. Los errores de esos líderes, si ocurren durante los momentos más vulnerables de uno, lo tentarán a uno a rechazar su autoridad bíblica. Pero en última instancia, no se trata de lo que ellos digan o hagan, sino de cómo está el corazón de uno.

¿Hay ocasiones en las que uno deba oponerse a la autoridad? ¡Definitivamente que sí! Nuestra autoridad, en última instancia, es la Palabra de Dios. Cualquier sugerencia u orden para que uno desobedezca la Palabra de Dios queda automáticamente fuera de la autoridad bíblica. Cuando los líderes judíos les ordenaron a los discípulos que dejaran de predicar de Jesús, la respuesta de los apóstoles fue: "Es necesario obedecer a Dios antes que a los hombres" (Hechos 5:29). Sin embargo, jamás se puede usar este versículo como excusa para ignorar o desobedecer a quienes están sobre uno en autoridad espiritual solo porque uno no esté de acuerdo con la directriz que le dan.

La actitud, la evidencia interna. Obedecer con una mala actitud puede ser tan malo como la desobediencia, y a veces hasta peor. Una mala actitud puede hundir los mejores esfuerzos. Una buena actitud puede mejorar la peor situación.

Bernabé puso en evidencia su actitud con respecto a la nueva tarea que se le había asignado en Antioquía. “Este, cuando llegó, y vio la gracia de Dios, se regocijó, y exhortó a todos a que con propósito de corazón permaneciesen fieles al Señor” (Hechos 11:23). En otras palabras, Bernabé no miró su nueva responsabilidad como una pesada carga sino que se regocijó en su corazón. ¡Qué actitud más buena!

Nuestra hija menor, Brianne, es una joven cristiana y una líder increíble en su iglesia local. Esas habilidades de liderazgo provienen en parte de una voluntad muy fuerte que requería ‘atención’ ocasional (léase ‘corrección’) mientras ella crecía. Su madre y yo usábamos una forma de “tiempo fuera” para manejar esos momentos. Una vez enviamos a nuestra hija de tres años y medio de edad a su habitación hasta que su “actitud fuera la apropiada”. Ella entró a la habitación y cerró de golpe la puerta solo para abrirla unos minutos más tarde. Ella intentaba decir a todo pulmón: <<¡No tengo la actitud apropiada todavía!>>, pero lo que le salió fue: <<¡Todavía no estoy ‘apopiada’!>>, trabándose, antes de cerrar la puerta, en esa palabra tan difícil de pronunciar en inglés para una niñita de tres años. Sin embargo, entendimos lo que quería decir. Su papá (¡yo!) hizo que ella abriera y volviera a cerrar la puerta de forma apropiada y le dimos tiempo a que su actitud cambiara. Y así fue.

La actitud que uno tenga hacia una tarea asignada siempre va a colorear el resultado. Esa actitud se puede notar en el tono de su respuesta a una pregunta, en la atención que uno les ponga a las preocupaciones de otra persona, o algo tan simple como el contacto visual. Una vez hice un viaje al exterior de once días de ministerio muy intenso. Cuando me subí al avión para regresar a casa me dormí casi inmediatamente y me perdí el reparto de la comida. Un tiempo después la azafata notó que yo ya me había despertado y se acordó de que yo no había comido. Me trajo un jugo de naranja y, unas horas después, me preguntó si necesitaba algo. A pesar del cansancio que debía de tener por su trabajo en ese largo vuelo que duró toda la noche, esta señora demostró cuál era su actitud hacia sus clientes. Al bajar del avión le di con mucho gusto un cupón de los que provee la compañía aérea para premiar un servicio bien hecho. Era la primera vez que yo entregaba uno, pero dudo que fuera la primera vez que ella recibiera uno. Su actitud positiva marcó una gran diferencia para un viajero muy cansado.

El hacer que la actitud de uno se alinee con la obediencia hace que el ministerio llegue a un nuevo nivel. Pablo lo menciona en Romanos cuando forma duplas de una acción ministerial junto con una actitud positiva: "...el que reparte, con liberalidad; el que preside, con solicitud; el que hace misericordia, con alegría" (Romanos 12:8). En otras palabras, el dar con una actitud generosa, liderar con entusiasmo y una misericordia saturada de gozo reflejan el corazón de Dios. Para ser líder o para hacer misericordia uno no está en la obligación de ser generoso. Pero ser generoso, ser líder o hacer misericordia son un honor increíble, y tener la actitud correcta en el desempeño de esas acciones va a impactar a quienes estén a su alrededor.

Una de las actitudes más importantes que uno puede tener hacia los demás es la humildad. La humildad pone en evidencia nuestra relación con el Señor. Dependemos de él para todo; no dependemos de nosotros mismos. Jesús nos lo enseña en el Padre Nuestro: "Danos hoy nuestro pan de cada día...perdona nuestras ofendas...no nos metas en tentación" (Mateo 6: 10-12). A un niñito se le enseña a aceptar con humildad la autoridad de sus padres pues depende de ellos y debe reconocerlo. Del mismo modo, con humildad aceptamos la autoridad de Dios sabiendo que dependemos de Él para todo.

En nuestra relación con los demás, la humildad nos llama a servir. La mamá de Juan y Jacobo le pidió a Jesús que colocara a sus hijos cerca de Él en su reino, lo que los ubicaría por encima de los otros discípulos. Jesús respondió:

> *Sabéis que los gobernantes de las naciones se enseñorean de ellas, y los que son grandes ejercen sobre ellas potestad. Mas entre vosotros no será así, sino que el que quiera hacerse grande entre vosotros será vuestro servidor, y el que quiera ser el primero entre vosotros será vuestro siervo; como el Hijo del Hombre no vino para ser servido, sino para servir, y para dar su vida en rescate por muchos (Mateo 20:25-28).*

Una vez le pregunté a un octogenario, quien todavía era un misionero muy activo, cómo se ve reflejada la humildad en nuestra vida diaria como líderes. Su respuesta me dejó sorprendido: <<En la disposición de aceptar que otros le ministren>>. En otras palabras, un líder humilde les permite a otros ofrecerle palabras de ánimo, palabras de guía y hasta palabras de corrección. La humildad reconoce que uno no tiene todas las respuestas y que a menudo Dios usa la sabiduría de otros para ayudarme a encausar mi vida.

Bernabé se sometió a la autoridad de los apóstoles. Mostró así tanto la evidencia externa de la obediencia y la sujeción a lo que le pidieron que hiciera, como la evidencia interna de una muy buena actitud hacia el ministerio que le asignaron. ¿Cuál fue el resultado? "Y una gran multitud fue agregada al Señor" (Hechos 11:24). ¡La iglesia creció! La actitud que usted tiene ¿levanta o hunde a los que se encuentran a su alrededor? Permita que el buen ejemplo de Bernabé lo levante o, tal vez, ¡hasta lo cambie!

La espiritualidad

Porque (Bernabé) era un hombre bueno,
y lleno del Espíritu Santo y de fe

Bernabé se tapó rápidamente la boca con la mano para detener un bostezo. El sol se había puesto varias horas antes, y hacía rato que el tiempo de adoración y enseñanza había terminado. La adrenalina había provisto la energía para la primera hora de oración por la fila de personas enfermas y con necesidades que apretujaban hacia adelante para tocarlo. Su espalda protestó cuando se agachó para escuchar la necesidad de una creyente judía un poco baja que se sostenía con una vara larga.

Cuando él comenzó a orar, ella mitad soltó y mitad lanzó la vara que tenía en la mano. Esta rebotó en uno de los otros hermanos que también oraba por ella, antes de caer al suelo. La hermana levantó ambas manos y las sacudía como saludando. <<¡Se fue! ¡Se fue!>>, gritó antes de asirse a la túnica del joven al que acababa de golpear con la vara y ponerse a dar brincos. Bernabé dio un paso para atrás para evitar que ella chocara con él, estiró la espalda y sonrió. La verdad es que no había entendido muy bien lo que la señora le había balbuceado al oído en medio del barullo que hacían los otros hermanos que estaban orando. Lo que fuera que haya sido, Dios se había encargado del asunto.

Más tarde, bien entrada la noche, Bernabé se sentó con una docena de sus nuevos amigos de Antioquía para compartir una cena. Un poco más y habría sido un desayuno al despuntar el alba. Mientras esperaban que el anfitrión les sirviera pan y dátiles, comenzaron a compartir historias de la salvación, sanidad y milagros que Dios había hecho en su vida. Recostado a la pared, Bernabé trató de seguir las amenas conversaciones, pero los párpados se le iban poniendo más y más pesados. Al fin la barbilla dio contra su pecho. Estaba profundamente dormido.

Nadie lo notó hasta que le pasaron el plato del pan y él no lo tomaba. El joven a su izquierda, que sostenía el plato del pan, tocó con el codo a su vecino del otro lado, quien a su vez tocó con el codo a otro, y así hasta que la conversación se detuvo por completo. Para no despertar a este hombre al que todos respetaban, cada uno se puso de pie, tomó un poco de comida y salió de la casa. El anfitrión se quitó el manto y cobijó con él a Bernabé, y una a una fue apagando las lámparas, excepto la que estaba cerca del marco de la puerta. <<En caso de que se despierte antes de que salga el sol>>, le explicó en voz baja a su esposa. <<¡No vaya a ser que se tropiece en la oscuridad!>>.

(Basado en Hechos 11:24)

La primera descripción del calibre moral de Bernabé surge de su apodo. También se decía que era un buen hombre por su obediencia sacrificial y la buena actitud al hacerse cargo del cuido espiritual de los creyentes en Antioquía. Ahora Lucas nos da un poco más de detalles sobre Bernabé: Estaba lleno del Espíritu Santo y de fe. Con esas mismas palabras Lucas había descrito al primer mártir, Esteban, en Hechos 6. Eran palabras muy significativas y de gran honra.

Lleno del Espíritu Santo. Se han escrito muchos libros, blogs, estudios y se han impartido muchos talleres que no toman en cuenta este elemento de tantísima importancia. El liderazgo secular es un círculo cerrado que deja por fuera cualquier elemento que no venga del mundo del liderazgo, la influencia o la mentoría. Pero el liderazgo bíblico depende del Espíritu Santo. Es un círculo abierto que da lugar a la dirección del Espíritu Santo.

En el primer capítulo de Hechos, Jesús les mandó a sus seguidores que llevaran el evangelio a todo el mundo, pero después les dijo que se esperaran hasta que recibieran poder del Espíritu Santo para hacerlo. El esfuerzo y la sabiduría humanos no eran suficientes para llevar a cabo la tarea de alcanzar al mundo. Bernabé y Saulo comenzaron su primer viaje misionero después de recibir palabra profética del Espíritu Santo. Y Hechos 16 describe cómo el Espíritu Santo dirigió a Pablo para que no fuera a Turquía sino a Grecia durante su viaje misionero.

Yo sentí la guía específica del Espíritu Santo por primera vez cuando tenía dieciséis años. Estaba en el área cerca del púlpito de mi iglesia una mañana de domingo cuando escuché la voz del Señor que me llamaba a dedicar mi vida a su servicio. La segunda vez fue diecinueve años después cuando escuché su voz en mi mente diciéndome que fuera. Este fue el encuentro que nos llevó a Terry y a mí a iniciar nuestra carrera como misioneros. Esa única palabra: <<Ve>>, fue como una semilla de rosa que cayó en mi corazón y que, de inmediato, germinó y se convirtió en una flor llena de espinas. No había nada más dulce que seguir esa voz y nada más doloroso que dejar todo atrás para hacerlo. La tercera vez, después de otros once años, fue cuando la voz me habló aquel domingo en la mañana durante el culto en una iglesia en Montevideo, y nos guio a mi esposa y a mí a iniciar el nuevo ministerio de plantar iglesias.

Una vez que uno abre la mente a la guía del Espíritu Santo, debe aprender a reconocer su voz. Todos tenemos pensamientos y sentimientos que provienen de todo tipo de fuentes. Por ejemplo, mis principios y valores vienen mayormente de mis padres y me llegan en la forma de ideas y motivaciones. A veces esas voces o nuestra propia voz interior se pueden confundir con la voz del Espíritu Santo porque suenan parecido. He aquí algunos lineamientos que le pueden ayudar a reconocer esa voz.

1 **El Espíritu Santo jamás va a contradecir lo que la Biblia enseña.** Una vez conocí a un joven cristiano que me explicó una decisión que había tomado de esta manera: "Dios tuvo que hacerme salir de su voluntad para poder llevarme al centro de su voluntad". A mi modo de verlo, este joven estaba tratando de justificar acciones que no iban de acuerdo con la Palabra de Dios. El salmista describe la Biblia como una "lámpara a mis pies y lumbrera a mi camino" (Salmo 119:105). Si la dirección que uno lleva no está alineada con la Biblia, más vale cambiar de dirección. Seguir la dirección marcada por la Biblia jamás será un error.

2 **Uno va a mantener su cercanía al Señor y su apertura al Espíritu Santo por medio de la oración.** No podrá mantenerse lleno del Espíritu Santo sin pasar tiempo con Él en oración. Jesús nos dejó su ejemplo. Lucas 6:1 nos dice que Jesús escogió a sus doce discípulos después de haber pasado la noche en oración. La victoria personal de Jesús con respecto a la cruz la ganó cuando luchó en oración en el Jardín de Getsemaní.

3 **Si el Espíritu Santo le habla, esa impresión o sensación no se le va a quitar.** Puede suceder durante sus tiempos de oración o en respuesta a un sermón y, como resultado, uno se puede sentir movido a responder o a hacer algún cambio en su vida. La intensidad de esa sensación puede aumentar conforme pase el tiempo y según sean las circunstancias, o bien puede ir disminuyendo, pero no va a desaparecer completamente, en especial durante los momentos en que uno está orando. En cambio, una reacción emocional humana a una presentación conmovedora se disipará con el tiempo. Eso es lo normal para todo el mundo. Sin embargo, el Espíritu Santo todavía funciona con principios y valores eternos, y la palabra que Él le ha dado soportará la prueba de los días, las semanas, y hasta de los años.

4 **El Espíritu Santo generalmente le va a confirmar lo que habla a su corazón por medio de otras personas.** Esa confirmación puede llegar de gente cercana a usted o por medio de las personas que Dios ha puesto en autoridad sobre usted: su pastor u otros líderes. Mi primer paso después de haber sentido que Dios me estaba pidiendo que me hiciera misionero fue hablar con Terry. Habíamos sido pastores por cuatro años, y yo no estaba seguro de cuál iba a ser su respuesta a este repentino cambio en nuestra vida. Lo que me dijo fue: <<Isaac, recuerda que mi llamado a ser misionera lo recibí a los 12 años, o sea, antes que tú recibieras el tuyo>>. Así que, de hecho, mi llamado vino a ser confirmación para el llamado de ella.

No todos van a estar de acuerdo con lo que Dios está haciendo en la vida de uno ni todos se van a alegrar. Algunos no van a ver la forma en que uno siente que Dios lo está guiando. Pero Dios va a ser fiel y continuará hablándole al corazón de uno, y va a hacer que otros se crucen en el camino para confirmar lo que Él quiere que uno haga.

Por otro lado, si los cristianos clave en la vida de uno no confirman lo que uno está sintiendo, vale la pena reevaluar lo que uno cree que Dios le está diciendo. Todo el mundo debe realizar "verificaciones de la realidad" de vez en cuando, y Dios va a poner personas en el camino para guiarnos en la dirección en la que quiere que vayamos.

5 **El Espíritu Santo usará las circunstancias para confirmar lo que Él nos está diciendo.** Si uno cree que el Espíritu Santo le está hablando sobre seguir una dirección en particular en su vida, Él va a traer a nuestra vida situaciones, oportunidades y hasta milagros para indicarnos que vamos por buen camino. Pero hay que tener presente que la oposición que uno enfrente no necesariamente significa que uno no ha escuchado bien la voz del Espíritu Santo.

<<Bueno, Isaac, ¿cuándo vamos a iniciar esas tres iglesias?>>. Mi amigo, Harry, un hombre de negocios cristiano, me miró del otro lado de la piscina termal en la que estábamos, pero sus palabras me hicieron temblar. Estaba con Harry y su equipo de construcción en el norte de Uruguay. Nos habíamos tomado un recreo del trabajo una tarde para disfrutar de las piscinas termales que quedaban cerca de la iglesia a la que estábamos ayudando.

Un año antes, Terry y yo habíamos regresado a Uruguay listos para añadir otras tres iglesias a las siete que Dios nos había ayudado a fundar durante nuestro periodo de servicio anterior. Sin embargo, las cosas no habían salido como lo habíamos planeado. El centro de rehabilitación para drogadictos al que estábamos apoyando atravesaba una profunda crisis financiera. Oramos, lo discutimos y oramos todavía más antes de usar los fondos que teníamos apartados para levantar esas tres iglesias con el fin de ayudar a los jóvenes de ambos sexos a pasar por el proceso de liberarse de las drogas por el poder de Cristo Jesús. Es más, nos dedicamos a levantar más fondos para este centro de rehabilitación. No nos arrepentimos, pero tuvimos que resignarnos al hecho de que nos habíamos quedado sin fondos para levantar las iglesias.

Harry no sabía lo que había pasado. Solo sabía de la visión que teníamos de plantar diez iglesias. Las palabras de este hombre fueron una confirmación de Dios para mí, y pronto vimos cómo Dios proveyó. A los pocos meses, Dios había provisto miles de dolares, cinco equipos de construcción y tres increíbles familias pastorales, así como el apoyo de la iglesia nacional uruguaya. Hoy día hay diez iglesias distribuidas en las afueras de Montevideo. Algunas son grandes, otras más pequeñas, pero todas están alcanzando a su comunidad con las buenas nuevas de Cristo Jesús.

No importa si Dios le ha pedido que deje su cultura y vaya a plantar una iglesia, o que sea el chofer de un grupo de niños de cuarto grado que van al campamento de verano. Si Él lo ha llamado, ¡Él va a proveer!

6 El Espíritu Santo le va a dar las habilidades y le proveerá los recursos necesarios para que uno pueda cumplir su voluntad. Yo sabía muy poco sobre cómo plantar iglesias y todavía menos de cómo construir los edificios para sus reuniones cuando comenzamos con las primeras cuatro iglesias. Uno de los primeros regalos que recibí fue un joven llamado Santiago. Él llegó a ser el maestro de obras en todas las diez iglesias que sembramos, así como de muchos otros proyectos a lo largo y ancho de Uruguay. Él no me dijo nada hasta mucho tiempo después, pero cuando comenzamos, él casi no tenía experiencia en dirigir un grupo de construcción. Sin embargo, llegó a ser un compañero experimentado a quien yo podía confiarle lo que fuera, desde administrar miles de dólares en fondos donados para la construcción hasta la organización eficaz del trabajo en múltiples sitios a la vez. Dios lo va a llevar a lugares y situaciones en donde usted y sus habilidades van a calzar tan perfectamente para resolver un problema o satisfacer una necesidad como la llave correcta calza en la cerradura correspondiente para abrir una puerta. Dios quiere que usted tenga éxito.

Lleno de fe. Estar lleno de fe es como subirse a un árbol muy alto, irse por una rama y ¡dar media vuelta para cortar la rama en algún lugar entre uno y el tronco del árbol! Uno sabe que caerá al vacío si Dios de manera sobrenatural no sostiene esa rama en su lugar, pero sigue cortando porque tiene fe de que Él lo hará.

Jesús dice que si tenemos fe, aunque sea del tamaño de una semillita de mostaza, podemos mover montañas. El escritor de Hebreos nos ofrece, en el capítulo 11 de su libro, un ejemplo tras otro de cómo es la fe. Por la fe, Abraham ofreció a su hijo en sacrificio. Por la fe, una prostituta salvó a su familia al cooperar con unos espías judíos.

Bernabé tomó muchos pasos de fe, desde vender su propiedad para darles el dinero a los apóstoles hasta trabajar con el joven Saulo, e inclusive irse a vivir a Antioquía. Cada decisión fue una declaración de fe de que Dios lo iba a guiar y que iba a bendecir lo que hiciera.

Alejandro era un joven líder en una iglesia local de Montevideo así como un constructor experimentado. Él y su esposa, Alicia, tenían una vida cómoda gracias a dos ingresos en la familia y a que tenían casa propia. Cuando me senté con la joven pareja en la iglesia a la que asistían para hablarles sobre la posibilidad de que dieran un gran paso de fe, es decir, plantar una iglesia, Alejandro se mostró cauteloso. Tendrían que comenzar de cero: sin gente, sin edificio y sin experiencia en cómo iniciar una iglesia. Yo podía sentir que algo había pasado mientras hablábamos, pero también podía ver la incertidumbre en los ojos del joven. Me pidió una semana para considerar la propuesta. La sensación de que alguien estaba serruchando la firme rama que los conectaba a su iglesia y sus trabajos era muy fuerte y, sin embargo, cuando los llamé a la semana siguiente me dijeron que sí.

Fue muy difícil para la joven pareja comenzar la nueva obra. Les hacían falta obreros que ayudaran con el programa de evangelización de niños que atraía a los niños del barrio los sábados. Luego, después de haber comenzado la construcción del nuevo templo, vientos huracanados derribaron el armazón de madera del futuro edificio y destruyeron la carpa en donde hacían la campaña. Fue un tiempo agotador para ellos, pero Alejandro y Alicia continuaron creyendo que Dios iba a levantar un fuerte grupo de creyentes en su comunidad. Reemplazaron la carpa y construyeron una nueva estructura. Cuando visité la iglesia en su tercer aniversario, un edificio abarrotado de gente me dio la bienvenida. Tenían un equipo de alabanza completo, dos coros de niños, un coro de mujeres y un equipo de drama, y todos participaron en el culto. Yo estaba maravillado de ver lo que una joven pareja llena de fe había logrado.

Para estar lleno de fe uno debe comenzar dando pasos de fe ya. Dios a veces lo guía a uno por caminos poco claros donde solo se puede ver uno o dos pasos adelante, y no se ve adónde exactamente llevará ese camino, sea montaña arriba o a un valle lleno de sombras, pero dar los primeros pasos es crucial.

El escritor de Hebreos dice que la fe es "la realidad de cosas que no vemos" (Hebreos 11:1, DHH). ¿Cómo puede ser realidad si no se puede ver? La realidad la da la dependencia y confianza en Dios, que lo está guiando a uno. Dios es real. Es un Dios personal que creó el universo.

La Biblia describe a Bernabé como una persona llena del Espíritu Santo y de fe. Dependió de la guía del Espíritu Santo a lo largo de su ministerio y vio grandes milagros. Imagínese la fe que Bernabé tuvo en el Espíritu Santo para poder hacer el viaje a Tarso con el fin de buscar al joven Saulo. Imagínese la fe que Bernabé depositó en Saulo al llevarlo de regreso a Antioquía a ministrar a su lado. Creo que unos de los milagros más grandes en el ministerio de Bernabé tienen que ver con el trabajo que tanto Pablo como Marcos hicieron más adelante. ¡Imagínese lo que Dios va a hacer por medio de usted conforme aprende a obedecer la voz del Espíritu Santo y a dar grandes pasos de fe!

El trabajo

Después de esto, Bernabé fue a Tarso a buscar a Saulo,
y... lo llevó a Antioquía

Bernabé sacó un leño humeante del fuego para avivar las brasas con él. El viaje de regreso a Antioquía era largo, de casi siete días, y pasaban las noches a orillas del Mar Mediterráneo. Hubiera sido más rápido tomar un barco de Tarso que rodeara el mar por tierra, pero caminar les daba tiempo, tiempo para hablar y tiempo para escuchar, aunque la conversación había sido bastante escasa desde que salieron de la ciudad.

No había sido difícil encontrar a Saulo en Tarso. Solo había tenido que preguntar por los judíos que hacían tiendas y que tenían un hijo buscapleitos. Bernabé le explicó a Saulo cómo Dios estaba añadiendo muchos convertidos a la nueva iglesia. Unos eran judíos, pero también había gentiles, hambrientos todos por una enseñanza sólida de la Palabra. Bernabé necesitaba a alguien que le ayudara a discipular a la creciente congregación. Saulo había aceptado ir con él.

Ahora Saulo estaba sentado mirando fijamente el fuego. Bernabé sintió, más que vio, que la mirada del joven pasó del fuego a su cara iluminada por la cálida luz del fuego. <<Dígame. ¿Por qué regresó por mí?>>, se atrevió a preguntar, y añadió con un dejo de amargura, <<Nadie más se ha molestado en averiguar cómo me va>>.

Por la mente de Bernabé pasaron recuerdos de los años que estuvo en Jerusalén. Los primeros intentos de Saulo por ministrar resultaron en largas disputas y luego en amenazas de muerte. Saulo acometía la predicación de la Palabra con el mismo celo con que antes atacaba a la iglesia, y los resultados eran casi los mismos. Por su propia seguridad y la de la iglesia, Saulo había tenido que irse.

Satisfecho con las nuevas llamas, Bernabé puso el leño al fuego nuevamente. Nada se lograría con contarle a Saulo de la paz que había descendido sobre la iglesia después de que él se había ido, ni del número de nuevos creyentes que se había sumado a la iglesia en su ausencia. Más bien, Bernabé se inclinó hacia Saulo y lo miró a los ojos. Con una voz fuerte que reflejaba el sentimiento que inundaba su corazón le contestó: <<Creo que Dios tiene algo especial planeado para tu vida, Saulo. Él no se ha dado por vencido contigo, y quiero que sepas que yo tampoco>>.

(Basado en Hechos 11:25)

El viaje de Bernabé a Tarso ponía de manifiesto su deseo de hacer lo que otros no estaban dispuestos a hacer. Esto le venía de natural, y lo hacía diferente de muchos de los líderes de la iglesia primitiva. Él se hizo amigo de Saulo en una época en que los apóstoles no habían estado dispuestos a correr el riesgo. Tiempo después, le daría a Marcos otra oportunidad cuando ni siquiera Pablo estaría dispuesto a hacerlo.

Jesús no solo hizo lo que nadie más podía hacer, sino que hizo lo que nadie más quiso hacer. Durante los tres años de su ministerio terrenal, Jesús constantemente confundió al liderazgo judío y dejó maravilladas a las multitudes que lo seguían. Tocó a un leproso al que nadie habría tocado. Le perdonó la vida a una mujer sorprendida en adulterio a quien la multitud quería apedrear.

"Hoy voy a hacer lo que otros no harían, para mañana poder llevar a cabo lo que otros no podrán". Estas palabras son de Jerry Rice, nombrado en 2010 el más grande jugador en la historia de la Liga Nacional de Futbol Americano. Rice estableció muchos récords como receptor abierto, pero talvez es más conocido por su ética laboral. Llegaba mucho más temprano a las prácticas que los demás, asistía a todos los campamentos para principiantes aunque él no lo era, y asistía a las reuniones especiales del equipo, todo para dar un buen ejemplo. Sus compañeros de equipo lo recuerdan por su carrera diaria cuesta arriba en The Hill (La Cuesta) en Edgewood County Park, California. Esa cuesta mide como 4 kilómetros hasta la cima, y Rice corría hasta la cima todos los días para mejorar su condición física.[6] Su trabajo duro y constante y su dedicación lo llevaron a tener tremendos logros.

En su libro *Outliers: The Story of Success* [Sobresalientes: La historia del éxito], Malcom Gladwell les sigue los pasos a personas de grandes éxitos, desde Bill Gates de Microsoft, pasando por los Beatles, hasta Mozart, buscando cuáles podrían ser los indicadores del éxito. Cuando se les preguntó a estos líderes sobre las causas de su éxito, muchos de ellos lo atribuyeron a la suerte o a estar en el lugar apropiado en el momento apropiado. Pero Gladwell cavó bajo la superficie y descubrió que, en la mayoría de los casos, un factor crucial para los logros de estas personas exitosas fue lo que él llama "la regla de las diez mil horas". En otras palabras, la diferencia entre los que lo hacen muy bien en el área que han escogido y los que son realmente buenos es la dedicación que tienen estos últimos para invertir diez mil horas de práctica o de trabajo. "Las personas en la cima no solo trabajan duro, o más duro que todos los demás. Trabajan muchísimo más duro".[7] En palabas sencillas, quienes realizan grandes logros hacen lo que otros no están dispuestos a hacer.

Un trabajo duro es más que solo la cantidad de esfuerzo que se hace o de sudor que se produce. Es una actitud que afecta la forma en que uno lo hace todo. Tiene dos partes: determinación o firmeza enfocada y perseverancia inflexible.

Determinación enfocada. La determinación es la intención firme de lograr un fin deseado. Los líderes que se distinguen son los que llegan a un punto de inexorable determinación para llevar a cabo sus metas. En lo concerniente a Saulo, Bernabé era muy firme. En el primer siglo, cualquier viaje que se hiciera estaba lleno de peligros. Tarso quedaba a poquito menos de 128 kilómetros de Antioquía si se mide en línea recta, pero bastante más, si se viajaba por los caminos. Estos no eran para nada seguros, y los asaltantes eran cosa común. El viaje de Bernabé de ida y vuelta entre Antioquía y Tarso era toda una prueba de cuánto deseaba reunirse con el joven Saulo.

Frank King, el director de los Juegos Olímpicos de Invierno XV en Calgary, Canadá, honró a los participantes de los Juegos de 1988 durante las ceremonias de clausura con estas palabras: <<Ustedes se han robado nuestro corazón. Y algunos de ustedes han remontado los aires como águilas>>. La multitud entonces comenzó a gritar: <<¡Eddie! ¡Eddie! ¡Eddie!>>; sin embargo, Eddie "el Águila" Edwards no había ganado ninguna medalla por el salto en esquíes. De hecho, llegó de último tanto en la competencia de salto de 70 metros como en la de 90 metros en esquíes.

Eddie no tenía patrocinadores corporativos. Se había costeado el entrenamiento con su propio dinero. El equipo que usaba era prestado; tuvo que usar seis pares de medias para poder calzar las botas de esquiar que le habían prestado porque le quedaban grandes. Pesaba más que sus competidores y batallaba constantemente para que sus gruesos anteojos no se empañaran bajo las gafas protectoras.[8] Pero, la pasión de Eddie por el deporte y la determinación para hacer lo que fuera necesario lo convirtieron en un atleta olímpico que se ganó el respeto de las multitudes en Calgary, y el de todos aquellos alrededor del mundo que lo vieron por televisión.

Lucas describe la vez en que Jesús resueltamente "afirmó su rostro para ir a Jerusalén" (Lucas 9:51). Isaías predijo su decisión de ir a la cruz para dar su vida por la humanidad: "puse mi rostro como un pedernal" (Isaías 50:7). Fue esta determinación la que sostuvo a Jesús a través del sufrimiento, la humillación y el dolor de la cruz. Y fue esta determinación la que nos dio la salvación.

La determinación es lo que sostiene a los líderes a través de los tiempos confusos y difíciles que nos llegan a todos, líderes o no, en algún momento. La determinación de Bernabé lo llevó a Tarso a buscar a Saulo. La determinación del joven Saulo lo sostuvo a lo largo de los años de aislamiento en Tarso, y vemos esa determinación tipo pedernal a lo largo de sus escritos.

La determinación acaba lo que la pasión empieza. La emoción y energía que uno siente cuando inicia un gran proyecto no es suficiente para sostenerlo a uno hasta la conclusión. La emoción inicial se va a evaporar como la niebla de la madrugada en un día de verano.

Durante la plantación de las primeras cuatro iglesias que iniciamos simultáneamente, el día de trabajo tanto de Terry como el mío iniciaba a las 6 de la mañana con la construcción y no terminaba sino hasta pasadas las 10 de la noche, y a veces a la medianoche, cuando se acabara el último de los cultos de la campaña evangelística. Esto duró casi todo el año. A pesar del agotamiento, las complicaciones y los retos, estábamos firmemente decididos a no quedarles mal ni a los pastores de las cuatro nuevas iglesias ni a sus familias. Cada uno de ellos había tomado una decisión similar de dejar su profesión, su iglesia, a sus amigos y a sus propias familias para seguir el llamado que Dios les había hecho de plantar una nueva iglesia en una nueva comunidad.

Perseverancia inflexible. Hay quienes ven la perseverancia solo como sinónimo de determinación; sin embargo, he observado que muchos comienzan algo con la determinación de alcanzar la meta, pero nunca terminan la tarea. El Dr. Jim Taylor le dice a la perseverancia "la molienda", o sea, el trabajo tedioso y agotador, repetitivo y estresante que debe realizarse para lograr una meta o hacer una tarea.[9] La perseverancia lleva la determinación hasta el final. Como estoy decidido a hacer algo, voy a perseverar, por lo general ante las dificultades y la oposición.

Bernabé perseveró en su fe en Saulo. El apóstol nunca se dio por vencido con el hombre que llegaría a ser el escritor más fecundo del Nuevo Testamento.

Nuestro ministerio actual tiene que ver con la traducción de libros y artículos a muchos idiomas. Este es uno de los trabajos más tediosos que he observado. Bishal dejó Nepal y se fue a vivir a Bangkok, en Tailandia, para traducir las notas y los artículos para la Biblia de Estudio Viva Plena en nepalés. Él trabajaba todo el día sentado a la computadora en la oficina y, cuando se cerraba la oficina, se llevaba trabajo adicional a su apartamento para seguir trabajando allá. Después de una cena sencilla, seguía con su trabajo hasta la madrugada. Bishal continuó con esta "molienda" página tras página, día tras día. Aunque la traducción de las notas de estudio, generalmente, se lleva como tres años, Bishal terminó su traducción en poco más de un año y tres meses.

Los atletas también pasan por la misma "molienda" perseverando en las repeticiones del entrenamiento. La meta del atleta bien puede ser ganar una carrera o levantar cierta cantidad de peso, pero el enfoque del día es poner un pie delante del otro o el de otra repetición con la barra de pesas. No es para nada divertido, pero hay que hacerlo.

> *Para ganarle a "la molienda", [el Dr. Taylor] recomienda lograr un balance en algún lugar del medio en la línea continua que tiene odio en un extremo y amor en el otro. Casi nunca se da que uno consiga amar esa "molienda" del papeleo, reuniones aburridas, madrugadas de ojos rojos cuando uno tiene que marcar su tarjeta a las 9 a. m. y otra vez a las 5 p. m. después de pasar la noche en vela en un proyecto extra. Por otro lado, odiar abiertamente la "molienda" es una receta infalible para sufrir un colapso nervioso. Por eso el Dr. Taylor escribe: "Sugiero que ni ame ni odie la "molienda". Simplemente, acéptela como parte del trato en su camino al éxito".*[10]

Los que triunfan en oración a menudo tienen que enfrentarse a esta misma "molienda" de pasar tiempo con el Señor. Los comunicadores excelentes suelen pasar horas estudiando y escuchando a otros comunicadores, aprendiendo las habilidades que los han colocado en la lista de los conferencistas más buscados. Los líderes más habilidosos perseveran en las tareas difíciles, sean las que sean, que dan como resultado el éxito. Hacen lo que otros no están dispuestos a hacer.

Yo llevo con orgullo una cicatriz en la mano derecha justo debajo de donde el dedo anular se une a la palma de mi mano. Me recuerda uno de los más grandes retos que asumí en mi entrenamiento militar básico: las barras que hay que recorrer guindando de las manos. Estas son como una escalera de seis metros en posición horizontal que descansa sobre cuatro patas lo suficientemente alto como para que, cuando uno cuelga de los peldaños, los pies no toquen el suelo. Yo las odio. La falta de fuerza en la parte superior de mi cuerpo siempre me impidió completar la travesía de un extremo a otro guindando de un peldaño con una mano y luego del siguiente con la otra. Realizar la travesía con éxito ida y vuelta era uno de los requisitos para pasar el entrenamiento básico. El agarre de mi mano siempre cedía en algún momento y yo caía al suelo. No era porque no tuviera determinación. Lo intenté y lo intenté hasta que las palmas se me rajaron y me sangraban. Las manos se me pusieron tan hinchadas, adoloridas y ensangrentadas que, literalmente, no podía empuñar los peldaños. Por esto me dediqué a hacer lagartijas y otros tipos de ejercicios que mis manos pudieran tolerar para poder fortalecer mis brazos.

Entonces llegó el día en que me tocó hacer la última prueba física del entrenamiento. Consistía en conquistar las barras o repetir el entrenamiento básico. Las manos casi se me habían sanado aunque todavía me dolían. El recuerdo de esos dos minutos todavía vive fresco en mi memoria: el salto para agarrarme del primer peldaño, mi sorpresa cuando por primera vez logré llegar al otro extremo de las barras y di la vuelta para regresar. Sin embargo, mi recuerdo de los siguientes peldaños no está muy claro. Solo recuerdo llegar al último peldaño, saltar al suelo y sentir un gozo lleno de asombro.

¿Qué marcó la diferencia? ¿El ejercicio extra, las palmas casi sanas, o talvez una fuerza provista de manera sobrenatural? Quizás todas estas tres posibilidades juntas. No sé. Solo sé que, por mucho tiempo después, a menudo hacía el recorrido de las barras maravillado de lo fácil que me resultaba hacer el ejercicio, gracias a que no me había dado por vencido.

¿Qué significan para usted la determinación y la perseverancia? Para Bernabé estas dos palabras significaron que tuvo que dejar la seguridad que tenía en Antioquía para ir a buscar a Saulo. Y también la persistente creencia de que Dios quería usar a Saulo de una forma especial.

Como líder, el trabajo duro tras bambalinas llega a ser parte de quién es uno y llegará a definir el liderazgo que uno tiene. Así como Jerry Rice, haga hoy lo que otros no estén dispuestos a hacer para que pueda lograr mañana aquello con lo que otros se limitan a soñar.

Los resultados

Y se congregaron allí todo un año con la iglesia, y enseñaron a mucha gente; y a los discípulos se les llamó cristianos por primera vez en Antioquía

<<¿Cristiano? ¿Así fue como te dijo?>>. Bernabé partió un pedazo de pan y le pasó el resto a Níger que estaba reclinado a su izquierda. Los cinco líderes estaban reclinados alrededor de la mesa cenando, y eso no pasaba muy a menudo. Generalmente, estaban desperdigados a lo largo y ancho de Antioquía haciendo el trabajo del Reino, reuniéndose en casas, enseñando de Jesús, y orando por los enfermos y necesitados. Bernabé observó a cada hombre uno por uno: Níger, Lucio, Manaén y, por supuesto, Saulo.

En los últimos años, desde Jerusalén, Saulo había cambiado en diversas maneras. Sus ojos todavía brillaban con fervor cada vez que contaba de su encuentro con Jesús, pero ahora había un tono diferente en su voz. En vez de ser siempre el primero en hablar, a menudo se esperaba para escuchar lo que los demás tenían que decir. Cuando enseñaba, tenía más paciencia, especialmente con los gentiles que no sabían nada de los profetas judíos ni de la Ley. Este joven a menudo acompañaba a Bernabé cuando iba de casa en casa y cuando los grupos se juntaban el primer día de la semana para celebrar la resurrección del Señor. De vez en cuando, Bernabé notaba ese fuego en la mirada, esa determinación en los ojos de Saulo que había visto cuando Saulo discutía con los helenistas en Jerusalén.

Níger asintió con la cabeza y siguió con su historia. <<Yo cruzaba la puerta de la ciudad cuando un soldado romano me miró a los ojos. Me escupió y se rio. <<Te crees importante, ¿verdad?, seguidor del nazareno. ¿Cómo le dicen ustedes?

¿El Cristo, el Ungido? Yo estaba en Jerusalén cuando lo mataron. ¡Está muerto! Tú no eres más que un pequeño cristo, un cristiano. ¡Eso es! ¡Un seguidor del Rey de los judíos al que sus propios súbditos mataron!>>.

<<Y, ¿qué hiciste?>>, preguntó Saulo, con una mirada penetrante.

Níger respondió: <<Solo lo volví a ver y le dije: <¡Él vive!>. ¡Fue como si yo hubiera sacado una espada! Él sacó la suya y dio un paso hacia mí, pero se detuvo de repente como si alguien lo hubiera amarrado con una soga, y no pudo avanzar más. <<Ten cuidado, cristiano, o ¡te vas a reunir con tu Cristo viviente!>>, me dijo entre dientes antes de dar media vuelta e irse.

Nadie habló por varios minutos. Finalmente, Saulo rompió el silencio cuando dijo suavemente, <<Pequeños cristos… ¡Llevar su nombre! ¡Qué honor!>>.

Los ojos de Bernabé se abrieron más. Pensativo, observó a su joven protegido antes de morder otro pedazo de pan.

(Basado en Hechos 11:26)

Todo lo que hacemos tiene consecuencias. El trabajo duro produce resultados, pero esos resultados pueden no corresponder con el esfuerzo que se ha hecho. Jesús enseñó esto en la parábola del sembrador en Mateo 13. El sembrador lanzó, con poca ganancia, su semilla en terreno duro, en terreno con espinos y en terreno pedregoso. Sin embargo, también echó su semilla en terreno fértil. El milagro está en la multiplicación de los resultados: treinta, sesenta y hasta cien veces lo que se sembró.

Bernabé y Saulo vieron asombrosos resultados de su arduo trabajo en Antioquía. La iglesia en Antioquía, la primera iglesia fundada fuera de Jerusalén, era una de las joyas del Nuevo Testamento. Floreció bajo el liderazgo de Bernabé, y era realmente una iglesia increíble.

Era una iglesia evangelizadora. La Biblia dice dos veces que muchas personas fueron salvas y se añadieron a la iglesia (Hechos 11:21 y 24). Una de las razones por las que Bernabé buscó a Saulo fue para que ayudara con el creciente número de creyentes.

Era una iglesia influyente. Los seguidores de Cristo se ganaron el nombre de "cristianos" que sus vecinos de Antioquía les pusieron. Aunque el apodo tenía el propósito de hacer burla, llegó a ser como una medalla de honor que ha perdurado por casi dos mil años.

Era una iglesia generosa. Cuando un profeta llamado Agabo le habló a la iglesia en Antioquía de una hambruna que se iba a dar en Jerusalén, recogieron una ofrenda especial y la mandaron a la iglesia en Jerusalén para ayudarles.

Era una iglesia que desarrollaba líderes. La lista de los profetas y maestros incluía a Bernabé, el líder, a Simeón, Lucio de Cirene, Manaén y Saulo. Juntos dirigían una iglesia de miles de personas.

Era una iglesia espiritual. La adoración y el ayuno eran parte de su servicio al Señor. ¡Con razón Dios usó a la iglesia para alcanzar al mundo con el evangelio de Jesucristo!

Finalmente, **era una iglesia que enviaba misioneros.** Enviaron desde Antioquía a Bernabé y Saulo en el primer viaje misionero. Como líder reconocido de la iglesia, Bernabé tenía gran influencia en el creciente grupo de cristianos. Bernabé era productivo.

Se espera que los líderes de la iglesia establecida por Jesús generen resultados. En la parábola de los talentos que se encuentra en Mateo 25:14-30, a tres siervos se les entrega una cantidad de dinero diferente con una única solicitud: cada uno debía invertir los fondos y generar una ganancia para el amo. El siervo negligente recibió un castigo, no porque hubiera perdido lo que había recibido, sino porque ni siquiera trató de producir los resultados que su amo esperaba.

La preparación y la excelencia son componentes fundamentales para conseguir resultados.

Preparación. Uno nunca va a poder manejar más de lo que está preparado para recibir.

Jaime, un misionero, iba a ser el predicador invitado para hablar en el cuarenta aniversario de una pequeña pero creciente iglesia río arriba de la capital. El pastor, muy entusiasmado, le contó que la iglesia se había fundado durante los grandes avivamientos ocurridos cuando había llegado un misionero evangelista extranjero a predicar en carpas. Las campañas en carpas habían atraído a más de tres mil personas, y muchas de ellas habían sido salvas. También se habían documentado sanidades, y los milagros habían sido algo común.

Jaime había escuchado historias similares provenientes de muchos puntos diferentes del país. El país había disfrutado de un mover de Dios, un verdadero avivamiento, durante lo que se recordaría como la Era de Oro de la iglesia nacional. Sin embargo, muchas de las grandes campañas evangelísticas en carpas con una asistencia de miles habían llegado a ser solo pequeñas congregaciones de no más de treinta o cuarenta miembros. Aunque se citaron muchas razones, el tema recurrente era que ni los líderes ni los pastores estaban preparados para lidiar con los miles de convertidos que habían llenado las tiendas, y un gran porcentaje de la cosecha se había perdido.

Sin embargo, se dieron algunas excepciones dignas de destacar. Los pastores que tenían habilidades administrativas levantaron un grupo de líderes preparados así como la estructura que su iglesia iba a necesitar para discipular a los nuevos cristianos. Los pastores que se prepararon para recibir la cosecha la conservaron.

La Biblia está llena de ejemplos de preparación humana para recibir una bendición celestial. En Génesis 41, José interpretó los sueños del faraón e hizo los preparativos necesarios para afrontar la hambruna que se avecinaba. En 2 Reyes 4, una viuda recogió tinajas prestadas para la provisión divina de aceite que Eliseo iba a ordenar. El aceite dejó de fluir una vez que todas las tinajas estuvieron llenas. En la Última Cena, una de las escenas más intensas del Nuevo Testamento entre los discípulos y su Maestro, Jesús instituyó el sacramento de la Santa Cena, les lavó los pies a los discípulos, predijo la negación de Pedro y la traición de Judas, y nos dejó importantes principios de su Reino. Pero, tal y como lo registran Mateo, Marcos, y Lucas, horas antes de todo eso, el Salvador había instruido a Pedro y a Juan que siguieran a su casa a un hombre que llevaba una tinaja de agua.

Debían darle instrucciones al dueño de esa casa para que lo preparara todo para la cena de esa noche pues Jesús y los otros diez discípulos celebrarían la Pascua ahí. Así fue como se preparó con todo cuidado el gran drama de esa noche: se arregló el aposento, se compró y se preparó todo para la cena pascual, se alistó el tazón en el que Jesús iba a lavar doce pares de pies, se compró el vino que llegaría a ser el símbolo del nuevo pacto en su sangre, y todo lo demás.

Un buen líder planea, se prepara, anticipa lo que viene. ¿Quiere alcanzar al perdido? ¿Cómo va a incorporar gentilmente a los nuevos cristianos al grupo que ya se está congregando? ¿Cómo van a desarrollar esos nuevos creyentes relaciones sanas dentro de la iglesia? Supongamos que lo que quiere es comenzar un centro de rehabilitación para drogadictos. ¿Qué va a hacer con las personas que van a salir de las calles en respuesta a la esperanza en Jesús que usted les está ofreciendo? ¿Qué va a hacer si tanto hombres como mujeres llegan a su centro? ¿Dónde los va a hospedar? ¿Cómo los va a alimentar?

Piense en lo que el Señor le está pidiendo que haga. La profundidad de su fe en que Dios va a proveer se verá en los pasos que usted dé para estar preparado.

Excelencia. Terry y yo pasamos el primer año de nuestra vida matrimonial en Alemania, y buena parte de nuestro tiempo libre de turistas. Castillos y catedrales antiguas dominaban muchas de las vistas de las ciudades así como del campo. Una catedral que visitamos exhibía en el suelo del patio uno de sus campanarios. Su gemelo todavía adornaba la parte de arriba de su torre. En el campanario que estaba en el piso podíamos apreciar su multifacético techo puntiagudo de pizarra, y bajo este un increíble despliegue de pequeñas pero minuciosas tallas distribuidas en las muchas "ventanas". Serían unas cien tallas. Miré la torre en el techo de la iglesia y otra vez miré el campanario en el suelo. Me pregunté por qué alguien se molestaría en poner tanto detalle en algo que nadie, a treinta metros de distancia, acá abajo, iba a poder apreciar. Jamás se me va a olvidar la respuesta del guía turístico: <<Se hizo así para que Dios lo viera>>.

Pablo presenta el principio bíblico de la excelencia en su enseñanza en 1 Corintios 10:31: "Hacedlo todo para la gloria de Dios". Esto lleva la excelencia a otro nivel, más allá de solo ser o hacer lo mejor que uno pueda. ¿Qué piensa el Creador del universo del esfuerzo que uno está haciendo? Así como con el campanario, Él es en última instancia el mejor observador de todo lo que uno hace.

La excelencia es el lente a través del cual los líderes eficaces ven todo lo que hacen. Para ellos no es suficiente hacer el trabajo hasta terminarlo. El trabajo se acaba cuando cada aspecto se termina como si Dios fuera a pasar personalmente para hacer una inspección.

La excelencia es la escala con la que se mide todo lo que uno hace. Debbi Fields hizo una apuesta con su esposo de que ella podría vender unos cincuenta dólares de sus galletas el primer día que abriera su negocio. Ese día estaba sentada en el local esperando a que los clientes entraran, hasta que se dio cuenta de que estaba a punto de perder su apuesta. <<Así que me fui a la calle. Caminé de una esquina a otra dejando que la gente saboreara el producto, y ese día vendí $75 de galletas>>.[11] Con el tiempo la Sra. Fields hizo de su amor por las galletas una compañía de cuatrocientos cincuenta millones de dólares. La filosofía de su compañía es "Suficientemente bien nunca es suficiente".

La excelencia casi nunca se alcanza con unas cuantas zancadas, sino más bien por un sinnúmero de pequeños pasitos. Hace unos años, las Naciones Unidas honró a un sencillo agricultor de Burkina Faso por sus esfuerzos para detener el avance del desierto del Sahara en la parte sur del continente africano. Yacouba solo estaba tratando de asegurarse de que su familia pudiera seguir comiendo. Cavó en el suelo tostado por el sol africano pequeños pozos más o menos del tamaño de una lata grande de pintura que fue llenando con estiércol de ganado u otro material orgánico. Los pozos atrapaban la escaza lluvia que caía, lo que permitía que crecieran las cosechas en tierras que habían sido abandonadas.

Yacouba usaba un pequeño azadón para cavar un pequeño pozo a la vez, hora tras hora, día tras día. Aunque otros se burlaban de él y le decían loco, Yacouba persistió con sus pocitos. Vecinos celosos una vez le quemaron cuatro hectáreas de cosecha y de bosque recién plantado, pero Yocouba siguió con su proyecto. Volvió a sembrar y, siempre que podía, compartía su técnica agrícola con los que lo quisieran escuchar. Comunidades que se estaban muriendo hoy están volviendo a crecer gracias a la persistencia de un hombre que cavaba un pequeño pocito a la vez.[13]

¿Cómo se preparó Bernabé para el crecimiento de la iglesia en Antioquía? Desarrolló un equipo de liderazgo. Fue a buscar a Saulo a Tarso. ¿Cómo demostró Bernabé la excelencia? Lea, nuevamente, la lista de todo lo que la iglesia de Antioquía hacía. Antioquía llegó a ser el modelo bíblico de cómo es una iglesia sana.

¿Siente usted que Dios quiere hacer algo por medio suyo? Entonces, ¡prepárese! Y hágalo con excelencia. Él lo va a sorprender con los resultados..., o ¡tal vez no lo sorprenda tanto, si usted está preparado!

El empoderamiento

Pablo y sus compañeros zarparon de Pafos, y llegaron a Perge de Panfilia. Pero Juan, apartándose de ellos, regresó a Jerusalén

Bernabé separó más los pies y se aferró a la baranda cuando otra ola levantó la proa del barco. El reflejo del cuarto de luna centelleaba en el agua, y la vela hizo un sonido fuerte cuando se llenó de aire. El capitán les había dicho que, si el viento se mantenía, el barco llegaría a Perge al día siguiente en la tarde. Chipre ya había desaparecido a la distancia detrás de ellos. El joven Juan Marcos se inclinó sobre la baranda del barco y el resto de lo que había cenado fue a dar al mar.

Casi nada había salido como Bernabé se lo había imaginado. Chipre era su hogar, pero Saulo muy pronto había destacado en las conversaciones con la comunidad judía. Luego, cuando el procónsul romano Sergio Paulus los había mandado a llamar, Bernabé pensó que sería una reunión tranquila. Sin embargo, se había sorprendido, y le había dado más que un poco de miedo, cuando Saulo echó los hombros para atrás y comenzó a reprender a Barjesús, un mago judío que de alguna manera se había congraciado con el procónsul y ahora acababa de burlarse de la presentación del Cristo que ellos habían hecho. <<¡Hijo del diablo, enemigo de toda justicia, lleno de todo engaño y de toda maldad!>>, le había dicho Pablo, para luego declarar ceguera sobre este hombre. Inmediatamente, Barjesús había quedado ciego. Sergio se había impresionado, al igual que los demás. Excepto Saulo, o mejor dicho, Pablo, como ahora quería que le dijeran. La mirada intensa en sus ojos había hecho a Bernabé pensar en Pedro cuando regañó a Ananías y luego a Safira. Era obvio que el Espíritu Santo estaba usando a Pablo de una nueva *manera. Sergio había creído en Cristo; y Pablo, al terminar su tiempo en Chipre, había comenzado a hablar y caminar con una creciente confianza.*

Marcos se limpió la boca y se volvió hacia su primo. <<¿Qué vas a hacer? Creí que en este viaje tú estabas a cargo>>. Tenía la cara de color verde grisáceo pues llevaba días con náusea y vómitos. En la navegación anterior entre Antioquía y Chipre le había ido igual. Sentirse mal por tantos días lo tenía de muy mal humor. Su actitud hacia Bernabé y, en especial hacia Pablo, se había vuelto muy negativa últimamente. Como había conocido a Jesús personalmente, a Marcos le había costado aceptar al que antes perseguía a la iglesia como hermano, y ahora le costaba aceptarlo como líder.

<<El Espíritu Santo está a cargo de este viaje>>, le contestó Bernabé mirando fijamente el horizonte.

<<¡Tú sabes lo que quiero decir! Cada vez toma más y más control>>, logró decir Marcos antes de inclinarse por la borda para vomitar otra vez.

Bernabé no le contestó. Por su mente pasaban imágenes de los años anteriores con Saulo: su primer encuentro en Jerusalén, el regreso de Saulo a Tarso, su propio viaje para buscar a Saulo y el año de ministerio juntos en Antioquía. Había visto a Saulo convertirse en un líder de confianza en la iglesia. Y entonces se dio esa poderosa profecía: "Apartadme a Bernabé y a Saulo". Y, ahora, ocurría esto.

Al fin Bernabé se volvió hacia Marcos. <<Tanto tú como yo hemos visto cómo el Señor está actuando a través de Pablo>>. El joven volvió a ver a su primo en cuanto usó el nombre griego de Saulo. Bernabé continuó: <<Yo siempre he sabido que Dios lo iba a usar en formas poderosas para extender la verdad sobre Cristo. ¿Quién soy yo para intentar detener lo que el Espíritu Santo está haciendo? No, Marcos. Si el Señor ha abierto una nueva puerta en el ministerio de Pablo, yo quiero ayudarle, de la forma en que sea >>.

<<¿Sin importar nada?>>, preguntó Marcos.

<<Mientras que sea el Señor...>>, contestó Bernabé.

Marcos sacudió la cabeza antes de dar media vuelta y bambolearse hasta el compartimiento de carga del barco donde estaban guardadas sus pertenencias. Bernabé lo vio alejarse y se preguntó en voz alta: <<¿Cuánto tiempo más estarás con nosotros?, primo>>.

Aparentemente, no por mucho tiempo. Poco después de haber atracado, Marcos tomó el siguiente barco de regreso a casa.

(Basado en Hechos 13:4–13)

<<Deja que el Príncipe se gane las espuelas>>. Las palabras de Aslan en *Las crónicas de Narnia: El león, la bruja y el guardarropa* empoderaron al joven Pedro y lo llevaron a derrotar al lobo que estaba atacando a sus hermanas. El gran león, Aslan, perfectamente capaz de destruir a la devastadora bestia con un solo golpe de su garra, le permitió a Pedro confrontar, pelear y derrotar a su atacante. Al hacerlo, Pedro completó los requisitos de honor para ser caballero, con lo que sería digno de recibir su propio par de espuelas de oro y así emprender el viaje para convertirse en el Gran Rey de Narnia.[14]

Todo líder en potencia, hombre o mujer, debe aprender a colocarse en la línea de batalla para encarar los retos que la vida le ponga por delante. Los líderes fuertes hacen lo mismo: empoderan a los que llegan a estar bajo su influencia para enfrentar los restos. Jesús envió a setenta y dos de sus seguidores a compartir el evangelio del Reino de dos en dos, con instrucciones específicas diseñadas para estirar su fe: "No llevéis bolsa, ni alforja, ni calzado; y a nadie saludéis por el camino" (Lucas 10:4). El reto era desarrollar relaciones interpersonales con la gente que aceptara el mensaje y les ayudara conforme ellos impartían las buenas nuevas de Jesucristo. Jesús sabía que su tiempo con ellos era corto y que los futuros líderes de su iglesia tenían que estar preparados para el ministerio sin depender de su presencia física con ellos.

En el caso de Bernabé, Saulo se encontró de pronto en el centro de atención de su ministerio cuando Dios lo usó poderosamente ante el procónsul romano. En cuestión de unos cuantos versículos "Bernabé y Saulo" (Hechos 13:2, 7) cambió a "Pablo y sus compañeros" (v. 13). No sabemos cómo se sentiría Bernabé acerca de esta transición, ya que pasó de ser el líder del grupo a ser apoyo de Pablo en su recién adquirida eminencia. Sin embargo, sí sabemos en qué resultó su trabajo en el ministerio que hicieron juntos.

El empoderamiento comienza en el corazón de un líder. El nivel de confianza en uno mismo se puede medir por la cantidad de control y autoridad que uno esté dispuesto a delegar en aquellos que trabajan con uno. Cuanto más inseguro uno esté de su posición y poder, más difícil le resultará reconocer los logros de otros o permitir que otro comparta sus responsabilidades.

Una búsqueda en Google de "potenciación o empoderamiento de los empleados" resulta (en inglés) en más de seis millones de links. Ahí encontrará siete pasos, diez pasos, veinte pasos para potenciar a los empleados, ejercicios recomendados, listas de frases que los líderes pueden usar para empoderar; es decir, todo lo que uno se pueda imaginar para ayudarles a los líderes a empoderar a las personas a su cargo. Y, sin embargo, a pesar de todas las herramientas y ayudas disponibles, el empoderamiento sigue siendo uno de los retos más grandes que los líderes en todos los niveles deben encarar.

Saber empoderar no es suficiente. A menos que el empoderamiento llegue a ser parte integral de quien uno es, información como la que sigue probablemente no significará mucho más que otra lista cualquiera. Haga lo que haya que hacer; haga los cambios que lo lleven a otro nivel de liderazgo, un nivel de empoderamiento que inspire a otros a tratar de hacer lo mismo. ¿Cómo se hacen esos cambios? Comience pidiéndole a Dios. ¡Él siempre contesta!

¿Qué se necesita para empoderar a la gente a la que uno dirige?

Póngales atención al llamado, los sueños, las visiones que tengan. Así como Dios lo va guiando a uno conforme sigue el llamado que Él le ha hecho, así Él está trabajando en la vida de las personas a nuestro alrededor. Y lo más seguro es que el llamado principal de esa gente alrededor de uno no es precisamente mejorar nuestro ministerio. Más bien, el Señor ha hecho que el sendero de esas personas se cruce con el de uno con un propósito: que cada uno complemente el ministerio de los demás para avanzar su Reino.

Los líderes efectivos se toman el tiempo para aprender cuál es el llamado que tiene cada miembro de su equipo, qué es lo que sueña hacer o lograr cada uno, e inclusive si él o ella tiene una visión para el futuro. Muchas veces, especialmente en la vida de los creyentes más jóvenes, ese sueño o esa visión no se ha desarrollado todavía. Puede ser que evolucione o cambie con el transcurso del tiempo, tal vez por la influencia que uno llegue a tener en la vida de esa persona. Esa visión, no importa qué tan realista o qué tan descabellada sea, es valiosa para quien la tiene y merece el más alto respeto que uno le pueda dar.

<<Carina, ¡me equivoqué!>>, le dije a la joven que tenía al frente. Carina había llegado a ser una líder muy confiable y efectiva en la iglesia que yo estaba visitando. Recuerdo el día, años antes, cuando yo la había entrevistado como parte de su proceso para matricularse en el Instituto Bíblico. Ella lidiaba con una dislexia severa, tanto así que para ella era difícil leer. Le recomendé que estudiara en los cursos que daban en su iglesia en vez de matricularse en un sistema de estudio tan riguroso como el nuestro. Durante los siguientes cuatro años, observé cuánto se esforzaba para sobreponerse a sus limitaciones y cómo llegó a ser una líder en el cuerpo estudiantil. Ese empuje que ella tenía venía de su sueño de terminar el Instituto Bíblico. Se graduó; ahora era esposa y madre, y una de las personas a quien acudían los miembros de su iglesia. Le agradezco a Dios que ella rehusó dejar que yo la desviara de su sueño. Me enseñó una valiosa lección. Una de mis metas personales desde esa vez ha sido animar y empoderar a toda persona que Dios ponga en mi camino. ¡Dios sabe lo que está haciendo mucho mejor que yo!

Planee que su gente tenga éxito. Ellos quieren tener éxito, y el reconocimiento y el apoyo que usted les dé por sus esfuerzos tendrá un impacto inolvidable en su vida. Estos son algunos pasos prácticos para hacer esto realidad.

1 Defina claramente qué es éxito, y luego aférrese a esa definición. Todos en algún momento de nuestra niñez hemos jugado un juego en que dos niños, generalmente los más grandes, se lanzan un balón el uno al otro tratando de que ninguno de los otros niños que juegan pueda alcanzarlo. Puede ser un juego divertido si los niños que están al centro no pierden la esperanza de atrapar el balón. Mientras crean que tienen posibilidad de éxito, correrán, saltarán y hasta inventarán estrategias muy originales para atrapar ese balón.

Una de las formas más rápidas para crear descontento y derrota en la vida es estar continuamente pasando de lugar el blanco del éxito. Puede ser difícil crear y alcanzar metas bien definidas, pero si los objetivos son consistentes y alcanzables, uno verá resultados increíbles en la vida de quienes tiene a cargo conforme cada uno trata de alcanzar esas metas.

Terry y yo vimos el valor de establecer metas claras y bien definidas con quienes reclutamos para plantar iglesias en Uruguay. No podíamos garantizarles a nuestros nuevos pastores que las recién nacidas congregaciones que habían plantado crecerían, pero sí podíamos ponerles metas. Cada pastor y su esposa hicieron una investigación y escribieron un reporte sobre su comunidad que incluía una reseña histórica del lugar, el nombre de las personas influyentes como los jefes de la policía y los alcaldes, y un mapa en donde se indicara el lugar de iglesias que habían identificado. Cada uno fue casa por casa para conocer personalmente a todos los que vivían cerca del nuevo sitio donde se pensaba fundar la iglesia, y además realizaron varias caminatas de oración que cubrieron la comunidad entera. Y funcionó. Los pastores llegaron a conocer a todas las personas alrededor de su iglesia y se dieron a conocer. Uno de los pastores incluso llevó a su bebé en estas visitas casa por casa. Se reía mientras me contaba que gente que normalmente no se hubiera detenido a hablar con él, gustosamente de detenía para ver al pequeñín. Así, cada pastor construyó su historial de pequeños éxitos en su esfuerzo por establecer una nueva iglesia.

2 **Celebre los éxitos y haga luto por las pérdidas.** Los logros, los cumpleaños, los aniversarios, las graduaciones, las enfermedades, las muertes, todo lo que sea importante para quienes trabajan con usted o para usted debe ser tomado en cuenta. Facebook me notifica todos los días quiénes están de cumpleaños. Yo repaso la lista y envío un corto saludo de feliz cumpleaños. Una razón por la que invierto tiempo en estas notas es que yo mismo disfruto leer

las que me mandan a mí cuando cumplo años. Haga con los demás lo que usted quiere que hagan con usted. Esto es bíblico.

3 **Deles su opinión sobre cómo están haciendo las cosas, corrija problemas y siga adelante.** El que sus subordinados sepan cuál es su opinión sobre cómo ellos están trabajando es vital para quienes se están aventurando en una nueva área de trabajo y ministerio. Uno debe también reconocer los errores y lidiar con estos y con los problemas que surjan. A muchos líderes les disgusta tener que enfrentar posibles conflictos, así que posponen tratar estos asuntos hasta que llegan a estar muy enojados. El lidiar con los asuntos que van surgiendo antes de que se vuelvan problemas inmanejables le ayudará tanto a usted como a su gente.

Lidiar con los problemas implica hacer un viaje que lleve a los participantes a enfrentar las realidades y las escogencias difíciles que hayan tenido que encarar, y que luego producirán cambios necesarios. Es importante acompañar a los que participan en este doloroso viaje mientras se recuperan y regresan a una rutina sana y regular. Así como se quita y se bota una enyesadura una vez que el hueso quebrado se ha soldado, los problemas que se han corregido deben quedar en el pasado.

El empoderamiento describe el trabajo que Bernabé hizo con Pablo. Desde Tarso a Antioquía, a Chipre y más allá en el desarrollo de esta historia, Bernabé dejó que Pablo creciera en el ministerio. La Biblia nos muestra una situación similar entre Bernabé y Marcos. ¿Ha puesto Dios en su vida a alguien a quien usted puede animar y tal vez empoderar para que haga cosas más grandes que las que usted ha hecho?

El soltar

Ellos, saliendo de Perge, llegaron a Antioquía de Pisidia

<<Tú no eres de los que se hospedan en mesones, ¿cierto?, mi amigo>>. Bernabé observó a Pablo estirar la tosca tela de pelo de cabra sobre el armazón de ramas que había cortado y amarrado. Los dos hombres estaban a un día de camino de Perge y les faltaban otros cuatro para llegar a Antioquía de Pisidia, una ciudad grande que estaba en el cruce de varios caminos.

Pablo se rio. << No me preciaría de ser un buen hacedor de tiendas si me gustaran los mesones>>. Además, los mesones son lugares muy peligrosos; y no te olvides de lo que nos costó deshacernos de las pulgas la última vez que nos quedamos en uno>>. Pablo calculó la distancia para la estaca que ayudaría a sostener la tienda y comenzó a martillar con una piedra que había escogido con esmero. Más temprano había pasado una media hora examinando y probando diferentes candidatas, hasta que había escogido esta: redondeada, pero con una parte plana; no muy pesada, pero suficientemente sólida como para no resquebrajarse cuando él la usara para clavar las estacas en el suelo.

Bernabé sonreía mientras bajaba al arroyo que gorgoteaba y pasaba sobre las piedras que Pablo había examinado para escoger la que haría de martillo. Se agachó para llevarse un poco de agua a la boca con la mano. <<Escogida con cuidado>>. Las palabras retumbaban en su mente mientras caminaba por el lecho del río.

<<Padre, no tengo idea de lo que debemos hacer una vez que lleguemos a Antioquía>>, oró. Bernabé sabía que los líderes de la sinagoga local lo reconocerían como levita y a Pablo

como fariseo, y que, muy probablemente, les darían una oportunidad para hablar. También recordaba lo que le había pasado a Pablo cuando había comenzado a predicar de Jesús en Jerusalén y, hacía unos pocos días, en Chipre. Como que los conflictos y alborotos seguían a su joven acompañante cada vez que abría la boca.

<<Tal vez yo debería ser el que predica>>, musitaba en voz alta. Miró hacia el agua y vio una piedra similar a la que Pablo estaba usando para martillar sus estacas. Las palabras regresaron a su mente: <<Escogida con cuidado>>. Su significado ahora estaba tan claro como el agua que se deslizaba sobre la piedra. El apóstol estiró el brazo para sacar la piedra del río. Sintió el peso y la lanzó hacia arriba. La atajó con la otra mano. <<¡Gracias!, Padre>>, susurró; y se regresó a donde oía el martilleo.

<<Pablo>>, gritó, haciendo que su amigo se detuviera con la mano todavía en alto, ¿qué te parece ser el orador principal en Antioquía de Pisidia?>>.

(Basado en Hechos 13:14–16)

Tanto el ministerio de Pablo como el de Marcos se extendieron por más tiempo del que pasaron junto a Bernabé, lo que demostraba que una de las mayores fortalezas de Bernabé era su habilidad para saber cuándo era el momento de soltarlos para que ministraran. El permiso de Bernabé dejó en libertad a Pablo para usar su muy particular habilidad como comunicador.

¿Qué puede hacer usted para darles permiso a los que usted dirige y soltarlos?

1 **Permítale a su gente intentarlo.** Uno de los retos más grandes que encontrará como líder es dejar que sus subordinados sobresalgan, se distingan, en las áreas en las que tengan dones. No van a hacer las cosas como usted las haría. Y si usted tiene dones en las mismas áreas, no lo van a hacer tan bien como usted. Sin embargo, con su permiso para intentarlo, puede que hasta sobrepasen lo que usted ha logrado hacer. Soltarlos significa que usted tiene la suficiente confianza, tanto en usted mismo como

en sus subordinados, como para decirles que sí, que ellos pueden. "Sí, se puede".

El primer paso para soltar los dones y las habilidades de la gente que trabaja para uno es tener apertura. Hay que darles la oportunidad. Henry comenzó su primer mes como pastor de niños lleno de ideas. Quería conversar sobre estas ideas con el pastor principal, quien, dicho sea de paso, antes había ocupado el puesto que Henry tenía ahora. Henry tocó a la puerta de la oficina y le pidió un momento de su tiempo. El pastor le indicó con la mano que entrara mientras terminaba un correo electrónico que estaba escribiendo. Henry comenzó a preguntarle si podía pedirles a los niños que se inscribieran para poder asistir a la iglesita infantil los domingos en la mañana cuando el pastor lo interrumpió con un veloz ¡no!, y luego se rio. Henry, aunque sin ganas, rio con él, y lo intentó de nuevo, muy consciente de cómo la atención del pastor regresaba al monitor una y otra vez conforme correos electrónicos entraban a su servidor. Cuando el joven terminó, el pastor movió casi imperceptiblemente la cabeza en señal de negativa, y le explicó a Henry que tenía que esperarse unas cuantas semanas más para poder conocer mejor la cultura de la iglesia antes de ponerse a sugerir cambios. Le preguntó a Henry si había algo más que quisiera decir. Pensando que la respuesta correcta probablemente era que no, Henry respondió de forma negativa antes de salir de la oficina.

El soltar puede darse de forma patente, ya sea en conversaciones, reuniones o por correo electrónico. Sin embargo, formas más sutiles suelen tener más impacto. Cerca del 90% de la comunicación no es verbal. Pistas que se toman de las expresiones faciales, el tono de voz y las acciones les dejarán saber a las personas a su cargo qué es lo que usted piensa sobre lo que le están diciendo.

Esta es una habilidad que estoy aprendiendo. Durante estos últimos años, me he propuesto enfocarme activamente en cualquier persona que entre a mi oficina. Dejo de lado lo que estoy haciendo, hago rodar mi silla a la esquina del escritorio y miro a mi visita a los ojos. Luego me esfuerzo por dejar que la persona termine de expresar su idea antes de hablar yo. Esto hace que mi visita se sienta valorada y con la confianza de hablar abiertamente, lo que puede desembocar en esos primeros pasos tan importantes de intentar algo nuevo en el ministerio, algo que la persona tal vez no se hubiera animado a mencionar si no se hubiera sentido con la libertad de hacerlo. Y, si sucede que estoy en desacuerdo con lo que la persona propone, trato de expresarlo de una forma en que la persona se sienta con la libertad de intentarlo de nuevo.

Un concepto equivocado que manejan muchos líderes es la creencia de que el éxito de las personas a las que dirigen hará que disminuya su propia valía. Parte de la maldición del rey Saúl era el temor que sentía de que el joven que tocaba el arpa del otro lado del salón lo sustituyera algún día como rey de Israel. Dos veces intentó quitarle la vida al joven David. La tercera vez David escapó y pasó años huyendo del rey.

Algunos ven el éxito como un pastel con un número limitado de tajadas. Si alguien toma una tajada, es una tajada menos para mí. Y si su tajada es más grande que la mía, yo salgo perdiendo. Sin embargo, yo he llegado a creer que los logros y el éxito se multiplican y se acrecientan como la levadura. Dadas las condiciones correctas, los éxitos se pasan de un poco de masa a otro, haciendo que todo crezca.

2 **Permítale a su gente esforzarse y luchar camino al éxito.** Eran las 4:30 a. m. y no habíamos cerrado los ojos en toda la noche. Nuestros instructores del campamento de entrenamiento para entrar al ejército nos habían tenido toda la noche limpiando las líneas que se encuentran entre una losa de mosaico y otra con un cepillo de dientes. Pero acababan de entrar gritando que teníamos que salir todos de las barracas y reunirnos al frente para ser transportados al campo de entrenamiento físico para una prueba.

Mientras los camiones de carga nos transportaban a todos los que estábamos en entrenamiento, nos íbamos quejando. Yo decidí que ya era suficiente para mí y para toda la compañía, así que me dirigí al sargento de entrenamiento: <<Sargento>>, dije jadeando, <<¡esto es demasiado¡ ¡Se les fue la mano! Ninguno de nosotros ha dormido, y, ¡ahora usted pretende que hagamos este examen de entrenamiento físico! ¡En cuanto pueda voy a hablar con el comandante de la compañía!>>.

El sargento de entrenamiento solo me miró por debajo del ala de su sombrero de sargento, sonrió y dijo: <<Está bien, Smythia>>, y se alejó.

Hicimos el examen físico y quedamos sorprendidos cuando nos dijeron que habíamos alcanzado los mejores puntajes hasta la fecha. Todos aprendimos que éramos más capaces de lo que jamás habíamos imaginado. Pero para saberlo, habíamos tenido que desvelarnos toda la noche antes de hacer la prueba. El sargento de entrenamiento sabía que yo no hubiera aprendido esta lección tan importante sin pasar por todo el esfuerzo. Por cierto, nunca fui a hablar con el comandante.

La mayoría de los líderes experimentados ya han pasado por muchos de los retos que la gente bajo su mando atraviesa. Uno se sentirá tentado a rescatar a los que están luchando para lograrlo, pero eso en realidad no los ayudará a crecer ni a desarrollar sus propias soluciones a los retos. Escúchelos y anímelos cuando lleguen ante usted con sus problemas. Exploren juntos las posibilidades que hay, pero deje la responsabilidad de las soluciones bien colocada en los hombros de cada uno que llegue a pedirle ayuda y consejo. Esto puede ser difícil de hacer cuando uno ve soluciones que ellos todavía no alcanzan a ver.

Subir en automóvil la colina entre el Instituto Bíblico Uruguayo y el aeropuerto nunca me preocupó, pero era un reto increíble para Jason, nuestro hijo de 16 años que estaba aprendiendo a conducir nuestro automóvil. Tenía una caja de cambios manual. Ya habíamos practicado en la seguridad de un gran parque con senderos para automóviles, pero esta era la primera vez que conducía en la calle. El auto dio un brinco y se apagó en media calle cuando Jason hizo un cambio a una marcha equivocada en media cuesta. El corazón me latía rápida y fuertemente mientras él luchaba por encender nuevamente el motor y soltar el embrague. Estoy seguro de que solo fueron unos pocos segundos, pero a mí me pareció una eternidad de arranques y ahogos de motor. Finalmente, Jason logró acelerar el motor y soltar el embrague con la coordinación adecuada y, con un chirrido de llantas, nos movimos cuesta arriba. Fue una lección difícil para mi hijo adolescente pero mucho más para mí. Mi reacción natural hubiera sido sacar a mi hijo del asiento del conductor y del peligro, pero me contuve lo suficiente como para permitirle que lo lograra él solo.

De las 183 preguntas que le hicieron en el Nuevo Testamento, Jesús contestó solo tres. Muchas de sus respuestas las dio en forma de preguntas. Su meta era mucho más que solo proveer respuestas; era producir crecimiento y cambio en la vida de los demás.

3 **Permítale a su gente crecer en su relación con usted.** Mi primer encuentro con los gemelos idénticos Benjamín y Samuel fue cuando sus padres se mudaron a nuestro Instituto Bíblico una vez que aceptaron el puesto de supervisores de los estudiantes. Por los siguientes dos años caminé al lado de estos dos jóvenes y los vi crecer hasta llegar a ser líderes. Ambos se inscribieron en el Instituto como estudiantes y trabajamos con los retos tan particulares que tuvieron que enfrentar. Este lugar era su hogar. En algún momento fueron mis estudiantes, y de vez en cuando me preguntaba cómo irían a ser como pastores al escuchar sus primeros intentos en preparar un sermón, al corregir sus exámenes y trabajos escritos, y al enfrentarlos con los problemas disciplinarios que tuvieron, de poca monta, por cierto. En los veranos, cuando estaban de vacaciones, me ayudaron en la construcción de varios edificios.

Ambos están casados, tienen familia y están pastoreando iglesias que están creciendo. Una vez llegué sin avisar a una reunión de jóvenes en la que Samuel iba a predicar. Contó la historia de cuando yo les asigné a él y a Benjamín el trabajo de instalar una alcantarilla subterránea de unos diez metros de largo que recogiera el agua de las bajantes del edificio de las aulas y la llevara hacia una roca que habíamos colocado en el centro del jardín del Instituto Bíblico. Narró cómo él y su hermano pensaban que era mucho trabajo instalar las tuberías hasta la piedra y decidieron que sería más fácil acercar la piedra a los edificios. En vano batallaron por dos horas para correr la roca hasta que se dieron cuenta de que hacía rato habrían terminado el trabajo si se hubieran dedicado a cavar la zanja para poner la tubería. Yo nunca supe de su intento de modificar mis órdenes. Nos reímos hasta que nos dolían las costillas cuando Samuel describía lo inútil de su sudor y su esfuerzo.

Después de ese culto, comencé a reevaluar mi relación con estos dos jóvenes. Era hora de dejar atrás la etapa del "hermano Isaac y los muchachos García". Decidí que ya era hora de que les dijera Pastor Samuel y Pastor Benjamín, y de tratarlos como los pastores respetables que eran.

Jesús a veces reprendía a los discípulos por no entender lo que Él les estaba enseñando. Estaban en un programa de entrenamiento de tres años que los hizo crecer y que los moldeó para que se convirtieran en los apóstoles que llevaron el evangelio al mundo. Pero, después de su resurrección, la relación de Jesús con sus seguidores cambió. Pienso que una de las razones por las que Jesús ascendió fue para cerrar una etapa en su relación con sus seguidores. Bien pudo haber dejado de aparecérseles simplemente, pero más bien hizo que su salida de este mundo fuera una de las piedras fundamentales en la historia de la iglesia, asociada también con algunas enseñanzas muy importantes. Días después, el Espíritu Santo ocupó el lugar de Jesús como el consejero de los apóstoles.

En algún lugar entre Chipre y Antioquía de Pisidia, Bernabé tomó la decisión de soltar a Pablo para que pudiera ejercer sus dones. Ciertamente, no siempre salió todo bien, pero Bernabé tenía fe en su propia posición en Cristo y en el llamado que Pablo tenía. ¿Cómo anda su nivel de confianza? ¿Confía usted en el Señor lo suficiente como para soltar a los que están a su alrededor para que intenten hacer algo y, en la de menos, hasta fallen? ¿Confía en el Señor lo suficiente como para dejar que otros hagan algo que usted podría hacer mejor? Así es el liderazgo al estilo Bernabé.

El éxito

Apedrearon a Pablo y lo arrastraron fuera de la ciudad, pensando que estaba muerto

<<Bueno... Eso fue realmente inesperado>>. Pablo entró cojeando al cuarto y habló tan calmadamente como si hubiera encontrado un pedazo extra de carne en su plato de sopa. Bernabé hizo un gesto de exasperación. En las últimas semanas, él y Pablo habían vivido al filo de crisis y milagros. Comenzando en Chipre, se había empezado a desarrollar un patrón: los dos apóstoles habían predicado a Cristo Jesús en las sinagogas locales, y los judíos habían rechazado su mensaje y levantado oposición; sin embargo, los gentiles les abrían las puertas y el corazón a su mensaje, y Dios respondía con milagros.

Luego vino Listra. Esto fue un desastre entre dos milagros. Dios había sanado a un ciudadano bien conocido que nunca en su vida había caminado, y la gente estaba maravillada. No había cómo negar lo que el Señor había hecho; sin embargo, en lugar de que el milagro le diera gloria a Dios y centrara la atención en Jesucristo, más bien llevó a los residentes a decirle "Zeus" a Bernabé y "Hermes" a Pablo. Tanto Zeus como Hermes eran ídolos locales. Pablo había querido aprovechar el momento para predicarle a la estridente multitud, pero Bernabé pensaba que era mejor retirarse por un tiempo hasta que las cosas se calmaran. En eso les llegó un informe del templo local: los sacerdotes paganos habían organizado un sacrificio de bueyes en honor de Pablo y Bernabé.

Bernabé había llamado a Pablo que estaba en la pieza de atrás, y había salido corriendo con Pablo pisándole los talones. La multitud en el templo vociferaba, inquieta, casi sin control. Algunos estaban ahí por el milagro. Otros no tenían

ni idea de lo que estaba pasando. Ni siquiera notaron a Bernabé sino hasta que se subió al pedestal de Zeus y comenzó a gritar con todas sus fuerzas. Pablo se le unió. Ambos se rasgaron las vestiduras del cuello para abajo.

Al fin el alboroto se calmó lo suficiente como para que los dos apóstoles pudieran interceder por los pobres animales que ya estaban amarrados al altar de bronce. El ánimo de los presentes se había exacerbado cuando los sacerdotes y los demás se dieron cuenta de que los dos oradores no querían tener nada que ver con sus dioses. De hecho, representaban a otro Dios, uno que era una amenaza para la forma en que la gente de ahí se ganaba la vida. Para cuando los apóstoles terminaron de hablar, la mayoría de la gente se había ido, pero los que se habían quedado estaban de muy mal humor. La sanidad milagrosa había quedado en el olvido.

Unos días después, algunos líderes judíos habían llegado de Antioquía y de Iconio, decididos a hacer lo que fuera necesario para detener a Bernabé y a Pablo. Los judíos monoteístas y los gentiles politeístas formaron una inverosímil alianza y comenzaron a buscar a ese par que había puesto su mundo de cabeza. Encontraron a Pablo y lo apedrearon, luego arrastraron su cuerpo fuera de la ciudad, pasando por el templo donde antes habían tratado de adorarlo y, sin ninguna ceremonia, lo arrojaron como si fuera basura podrida.

Cuando la gente se dispersó, Bernabé y un pequeño grupo de creyentes se reunieron, aturdidos, alrededor del quebrantado cuerpo de Pablo. Morir apedreado era una forma horrible de morir. De pronto Bernabé, boquiabierto, notó que el cuerpo ensangrentado tosió y que el pecho subía y bajaba. Alguien que estaba un poco más alejado del cuerpo gritó cuando Pablo despacio terminó de ponerse de pie. Todos comenzaron a cantar alabanzas a Dios, pero Bernabé rápidamente los calló por miedo a que la turba regresara. Pusieron a Pablo en el centro del grupo y lo ayudaron a volver a la ciudad. Todo eso había sucedido la noche anterior.

<<¿Está seguro, hermano Pablo, de que puede viajar?>>, le preguntó Bernabé con incredulidad.

El cuerpo de Pablo se veía amoratado y vapuleado. Se estiró con cuidado y contestó: <<Creo que sí>>. Hizo una breve pausa, y en sus ojos se podía ver esa intensa mirada, tan familiar. <<¿Quién sabe qué harán cuando se enteren de que no estoy muerto?>>. Se ajustó una de las muchas vendas que cubrían sus heridas. <<Además, la ciudad de Derbe todavía no ha oído de Jesús>>.

En la cara de Bernabé se comenzó a esbozar un nuevo gesto de exasperación, pero se contuvo. En el mejor de los casos, Dios había sanado a Pablo; en el peor de los casos, Bernabé había presenciado la resurrección de Pablo. Volvió su mirada al cielo y oró: <<Señor, te doy gracias por los nuevos cristianos que has agregado a tu iglesia. Te doy gracias por los milagros. Pero, Señor, ¿qué nos espera?>>.

Entonces Bernabé sintió otra vez esa profunda seguridad en su espíritu que sabía que venía del Señor. Se encogió de hombros y afirmó con la cabeza. <<Bueno, Pablo. Vamos>>. Extendió el brazo hacia su compañero de viaje. <<Recuéstese en mí hasta que se le quite la rigidez que tiene en las piernas>>.

(Basado en Hechos 14:8–24)

La iglesia de Bill había experimentado un crecimiento con el que muchos pastores solo soñaban. La asistencia a los cultos se había duplicado y ya estaba llegando al punto de triplicarse. Bill había tenido que contratar más personal. Cuando veía la cara de estas personas en las reuniones de planificación que lo miraban a él llenas de expectativa desde el otro lado de las mesas acomodadas en semicírculo, Bill se preguntaba qué podía ofrecerles él. Muy a menudo sentía que estaba inventando respuestas y armando planes espontáneamente, sin tomarse el tiempo para pensar bien y orar por las decisiones como lo había hecho en el pasado. Y, sin embargo, algo milagroso estaba sucediendo.

Había muchos retos. Uno de los más grandes era la junta directiva de la iglesia. Los cinco miembros seguían viendo a la iglesia como si no hubiera cambiado en los últimos dos años y siguiera funcionando igual. No estaban muy anuentes a contratar más personal, y sostenían grandes debates sobre las finanzas. ¿Cuánto se debía guardar para emergencias? ¿Cuál era un buen salario para el pastor de una iglesia en crecimiento? Las discusiones sobre el salario de fin de año habían sido muy tensas, y Bill se preguntaba si ellos siquiera entendían la visión que él les había estado tratando de comunicar.

El éxito de la iglesia implicaba un aumento en las exigencias en cuanto al tiempo de Bill, al punto de que había tenido que delegar casi todas las visitas a los hogares y a los hospitales, y eso era algo que le gustaba mucho hacer. El tiempo para preparar sermones tenía que pellizcarlo de entre las largas reuniones, el papeleo y las llamadas telefónicas, o tarde en la noche cuando necesitaba estar descansando.

Conducía hacia su casa después de un largo día de estar apagando pequeños incendios mientras trataba de encender algunos grandes, cuando sonó su celular. Dejó que timbrara mientras decidía si tendría la energía necesaria para contestar una llamada más. Volvió a ver la pantalla y notó que era un viejo amigo, también en el ministerio. Sonrió y contestó. Antes de poder decir algo, oyó que la voz conocida le preguntaba: <<¿Te ha dicho alguien hoy que estás haciendo un gran trabajo?>>. Suspiró un poco y luego se rio. <<¡Eres el primero! ¿Sabes? Casi no contesto, pero me alegro de haberlo hecho. La verdad sea dicha: en estos momentos me resulta muy difícil sentir algo que no sea cansancio>>. Quince minutos después, se bajaba del automóvil tan cansado como se había sentido cuando se subió, pero mucho menos cargado.

A veces se define el éxito espiritual como fidelidad al llamado que Dios ha puesto en la vida de uno. Es el tema de un sinnúmero de sermones y enseñanzas; sin embargo, el éxito que ocurre porque una iglesia o un ministerio crecen es otra cosa. Para muchos líderes, ese tipo de logro puede ser mucho más difícil de manejar que el fracaso. Mientras que el fracaso puede significar tener que regresar a un terreno familiar, el éxito abre caminos nuevos y desconocidos que requieren respuestas diferentes a retos desconocidos.

Bernabé y Pablo estaban acostumbrados a la oposición de los judíos, pero el que los confundieran con dioses después de la curación de un cojo era un reto completamente nuevo. De repente, Pablo y Bernabé eran aclamados. Ninguno de los dos había experimentado eso antes. Y les costó mucho evitar que la multitud los idolatrara. Sin embargo, al final, Listra casi da al traste con su proyecto misionero. Si no hubiera sido por la intervención divina de Dios después de que apedrearan a Pablo y lo dieran por muerto, nosotros no tendríamos sus epístolas.

Los que aprenden a adaptarse a los cambios y a evitar las trampas que vienen con el éxito convierten ese éxito en crecimiento espiritual, tanto en su ministerio como en su vida personal. Los que no, siguen un patrón que ya hemos visto antes. Por ejemplo, se honra al rey David calificándolo como un hombre conforme al corazón de Dios, un tipo de Cristo Jesús y, sin embargo, él también es un ejemplo de cómo aún un gran líder puede manejar mal su propio éxito.

Posición. David era solo un pastorcillo cuando Samuel lo ungió para liderar a la nación de Israel. Bernabé y Paulo eran líderes de la iglesia de Antioquía cuando el Espíritu Santo los llamó a llevar el evangelio a los gentiles. Quienes se encuentran en puestos de autoridad, responsabilidad e influencia, sin importar cómo llegaron ahí, encaran consecuencias similares del liderazgo, sean estas las que se pretendía alcanzar o no.

Permiso. Los líderes usan muchas estrategias para salir adelante ante la presión que deben encarar. Una muy común es "darse permiso" para disfrutar cosas que uno normalmente no haría. Por ejemplo, solicitar un mejor asiento, en una sección más lujosa, en el avión para el vuelo de regreso, el tomarse unas largas vacaciones, pedirle a un subordinado que pase por su ropa a la lavandería. Hacer cosas así le puede ayudar a uno a mantenerse enfocado en las obligaciones importantes que tiene. Sin embargo, son diferentes a la norma y, en algunos casos, requieren que uno se dé el permiso de hacerlas.

David se dio permiso de quedarse en Jerusalén mientras sus generales y su ejército marchaban a la guerra. El autor de 2 Samuel menciona esta decisión con una sencilla descripción: "Aconteció al año siguiente, en el tiempo que salen los reyes a la guerra, que

David envió a Joab, y con él a sus siervos y a todo Israel, y destruyeron a los amonitas, y sitiaron a Rabá; pero David se quedó en Jerusalén (11:1)".

No había nada particularmente malo en la decisión de David de quedarse en casa mientras el ejército estaba fuera, pero ser permisivo con uno mismo puede ser el primer paso hacia un problema.

Privilegio. Un sentimiento acuerpado por un privilegio puede llevarlo a uno más allá de lo permitido hacia lo prohibido. El razonamiento que se usa es a menudo similar a cuando uno se da un permiso para hacer algo: <<Como estoy bajo esta presión, como estoy lidiando con este estrés, y logrando esta meta, me merezco este privilegio>>. Generalmente, esta es una conversación con uno mismo y, a veces, es inconsciente.

Muchas veces, la línea se cruza no de una gran zancada sino gracias a una serie de pequeños pasitos. David decidió salir a su terraza. Notó que una mujer muy hermosa se estaba bañando en la azotea de una de las casas vecinas. Decidió seguir mirando. Le preguntó a su gente quién era y luego la mandó a invitar a que lo visitara. Cada pequeño paso lo acercó más a la línea que él sabía que no podía cruzar, la línea que lo separaba del adulterio, el engaño y, finalmente, el asesinato.

El pastor José era el tesorero de un grupo de pastores del área y como tal tenía a su cargo unos cuantos miles de dólares del grupo. Un mes su dinero no le alcanzó para pagar sus gastos y decidió tomar prestados unos dólares del fondo que pronto pagó. Unos meses después se vio en la misma situación y volvió a tomar prestados un poco más, pero esta vez no pudo pagar por varias semanas. Este patrón continuó hasta que había tomado y usado casi todo el fondo de los pastores. Los pastores quedaron estupefactos cuando se descubrió la pérdida porque todos consideraban al pastor José como un buen pastor y un buen amigo.

Uno de los cantos de El Mesías de Handel proclama una poderosa verdad de Isaías 53:6: "Todos nosotros nos descarriamos como ovejas". La verdad bíblica es que a pesar de nuestra posición o de nuestra importancia, somos ovejas, y las ovejas tienden a perderse. Perderse lo lleva a uno por caminos tortuosos, mas Dios no tiene la intención de que la presión que asumimos nos afecte o nos destruya, ni a nosotros ni a nuestro liderazgo. El pasaje de Isaías concluye con la promesa de que Dios ha puesto el pecado de todos nosotros sobre Él, Jesucristo. Hay una salida.

Rendición de cuentas. La historia del pecado de David y su restauración continúa en 2 Samuel 12. Más adelante otros reyes judíos metían a la cárcel y hasta mataban a los que les llevaban mensajes que no querían escuchar, pero el rey David permitió que Natán le pidiera cuentas. Una de las decisiones más importantes que un líder puede tomar es permitirle a alguien que lo conozca bien que lo confronte aunque duela. Esta debe ser una persona que se haya ganado la confianza y el respeto, y que uno sabe que le va a decir la verdad sin miedo a represalias.

El cónyuge deber ser la primera persona que le pueda decir la verdad a uno aunque uno no quiera oírla; no obstante, el cónyuge a menudo experimenta las mismas presiones y tentaciones que uno y puede que no sea tan objetivo como lo sería un amigo confiable o un mentor que no sean de la familia.

A lo largo de los años, he invitado a algunos amigos en los que confío a que me hablen con toda sinceridad sin temor de perder mi amistad. Me he sentido honrado de jugar el mismo papel en la vida de otros amigos. Es una decisión difícil, que lo deja a uno vulnerable ante quienes conocen tanto el lado bueno como el no tan bueno de uno. Pero, como resultado, esta decisión lo va a fortalecer en su liderazgo conforme pasen los años.

Espinas. A Pablo se le dio "una espina en la carne" para que no se envaneciera por las revelaciones y el ministerio que estaba experimentando (2 Corintios 12:1-10). No se sabe lo que era esa espina. Puede haber sido un problema de la vista o tal vez un adversario al que él llamó "un mensajero de Satanás", pero cuando Pablo pidió por tercera vez que Dios se la quitara, la respuesta del Señor fue: "Bástate mi gracia; porque mi poder se perfecciona en la debilidad" (v. 9). Dios permite y deja problemas, luchas y retos en nuestro camino; pueden ser dones diseñados para mantenernos dependientes de Él y de su gracia como la fuente de todo lo que logramos.

El roce de Bernabé y Pablo con el éxito en Listra trajo consigo desastre, mas Dios intervino tal y como lo hace cuando se le invita a ayudar. Los dos apóstoles se apoyaron el uno en el otro al continuar su viaje misionero. Aunque sabemos poco de cómo Bernabé lidió con las presiones del ministerio, sí sabemos que su compañero necesitaba una "espina" en la carne para mantenerlo enfocado en la gracia de Dios.

¿Cómo lidia usted con el éxito y con las presiones que lo acompañan? Si no lo tiene ya, busque a un Natán en quien pueda confiar para que le diga la verdad en amor. Y si está lidiando con una espina en la carne que no se quita con nada, tal vez debería dejar de estar luchando con ella y más bien preguntarle a Dios cuál es el propósito detrás de esa espina.

La generosidad

Escuchaban a Bernabé y a Pablo, que relataban las señales y prodigios que Dios había hecho entre los gentiles por medio de ellos

Bernabé respiró profundamente y se puso de pie. Los apóstoles estaban sentados a su izquierda. Con el rabillo del ojo pudo ver que Mateo inclinó levemente la cabeza y le sonrió para darle ánimo. El ruido de la conversación fue disminuyendo conforme los que se habían reunido le ponían atención. La gente de ambos bandos de la controversia entre manos recordaba el ministerio de Bernabé en Jerusalén y lo respetaban por es; sin embargo, la tensión flotaba en el salón como el humo de un fuego que se extinguía pero que amenazaba con prenderse en cualquier momento.

La pregunta de si había que circuncidarse y seguir las leyes de Moisés pendía sobre todos los creyentes de Jerusalén, la misma ciudad en la que Jesús había sanado a un cojo un sábado. Varios de los fariseos que se habían convertido todavía usaban sus ropajes ceremoniales con el característico borde azul abajo. Para ellos no había duda. Acatar la Ley era parte del servicio al Mesías.

Por experiencia propia, Bernabé y Pablo sabían que los crecientes grupos de nuevos creyentes diseminados a lo largo y ancho del Imperio Romano necesitaban saber qué quería decir ser cristiano. ¿Tenían que convertirse los nuevos creyentes al judaísmo para llegar a ser seguidores de Cristo?

Pedro se puso de pie frente a la asamblea con su brazo extendido hacia Bernabé. <<Bernabé y Pablo han viajado por todo Chipre y las regiones de Misia y Bitinia. Cuéntenos, Bernabé, ¿con qué se han encontrado?>>.

Una cantidad de pensamientos y sentimientos inundaron el corazón de Bernabé en los pocos segundos que le tomó caminar hasta Pedro y ser abrazado fraternalmente por él. Recorrió el grupo con su mirada. Reconocía algunas caras. Estos eran sus hermanos y hermanas en Cristo, cada uno con su propia historia personal de fe y, para muchos de ellos, también de sufrimiento.

Las palabras fluían con facilidad. Contaba sobre los primeros días y los milagros que se dieron en Antioquía, luego en Chipre, Perge y... Bernabé se detuvo casi a media oración. Volvió a mirar a Pablo, sentado en las sombras a la par de una columna. Apenas podía distinguir el brillo que se había vuelto tan familiar en los ojos de Pablo cuando este tenía algo que decir.

Esta era solo la tercera vez que Pablo había vuelto a Jerusalén, y la primera en la que se reunía con todos los apóstoles y ancianos en el mismo lugar desde su humillante salida para Tarso. Bernabé se volvió hacia él. <<Hermano Pablo>>, dijo en voz más alta. Todos los ojos siguieron la dirección de su voz. <<Venga. Cuénteles a sus hermanos y hermanas más sobre Chipre y también de Listra>>.

(Basado en Hechos 15:1–21)

Los grandes líderes son también líderes generosos. Pero esta clase de generosidad no se mide en dólares y centavos, sino en otros incrementos: tiempo, misericordia y honor.

Tiempo. Samuel y el Obispo Cedric se conocían desde antes de que este último fuera elevado a tan alto cargo a nivel nacional. Cedric había sido el pastor de Samuel. Ahora, cada pocos meses salían a desayunar juntos, cuando el horario de viajes y reuniones de Cedric lo permitían. Una mañana, Samuel llegó a la oficina del líder unos minutos antes de una reunión que se había reprogramado. Después de que Cedric llevó a una visita a la puerta de salida, regresó con Samuel a su oficina. Los dos hombres hablaron por unos minutos antes de que entrara una llamada para el obispo en su teléfono celular. Le echó una mirada rápida a la pantalla, apagó el teléfono y lo puso boca abajo en el escritorio.

Al notar lo ocupado que estaba Cedric, Samuel se puso de pie y se disculpó por el tiempo que le había quitado al obispo quien le dijo: <<¡Tonterías! Me quedan treinta minutos antes de la próxima reunión. Cuéntame de...>>. Samuel parpadeó involuntariamente cuando comprendió el significado de aquellas palabras.

El tiempo es un bien que todos compartimos en la misma medida, pero cuanto más aumenta la responsabilidad que uno tiene, más preciado se vuelve, pues el tiempo invertido en un proyecto o cita es tiempo que se le resta a otro. Muchos líderes aprenden principios de gestión de tiempo para ayudarse a maximizar el uso de lo que llega a sentirse como un recurso que se va encogiendo inexorablemente.

El tiempo invertido en algo demuestra el valor que se le imputa a eso. Uno pasa más tiempo con la gente a la que más valora. Jesús invirtió tres años de ministerio en la vida de sus discípulos. Bernabé invirtió su tiempo en Saulo y después en Juan Marcos. Ser generoso con el tiempo es una forma de medir cómo uno valora a la gente que trabaja con uno o para uno.

Invertir tiempo, sin embargo, no quiere decir sacrificar en el altar de las relaciones metas importantes ni fechas límite. En cambio, sí quiere decir que hay que hacer un gran esfuerzo por sacarles el jugo a los momentos que se tienen. Imagine una jarra de agua. Ser generoso con el tiempo significa que uno vierte el último cuarto de agua de la jarra con la misma generosidad de corazón con que vertió el primero. La actitud que uno demuestra con el tiempo que pasa con otros dice mucho.

Misericordia. "Bienaventurados los misericordiosos, porque ellos alcanzarán misericordia" (Mateo 5:7). A menudo a los líderes se les pone en la poca envidiable posición de fiscal, juez y jurado cuando hay que lidiar con los problemas. Deben sopesar las necesidades del ofendido contra los estándares de la organización que representan. Los judíos en el tiempo de Jesús le habían puesto tanto peso al estándar de la organización que no quedaba espacio para la misericordia. Ellos montaron el drama para la historia de la mujer encontrada en adulterio. Su pecado era evidente y la justicia exigía que fuera lapidada, o sea, muerta a pedradas. La respuesta misericordiosa de Jesús tomó a todos por sorpresa y transformó la vida de la mujer.

Bernabé fue una persona misericordiosa. Esa misericordia lo llevó a buscar a Saulo, a regresarlo a la comunión con los hermanos y el liderazgo, y, eventualmente, a cederle su puesto de autoridad. Hizo lo mismo con Marcos.

Las historias de personas misericordiosas captan nuestra atención. La televisión estadounidense reportó en sus noticieros la historia de un oficial de policía del estado de Maryland que atrapó a una madre robándose una bolsa de pañales desechables para su bebé de un supermercado. En vez de arrestarla, pagó por la bolsa y se la dio.[15]

Sin embargo, ¿cómo se aplica la misericordia en el caso de un joven pastor que compraba pornografía o de la secretaria de una iglesia que estaba tomando dinero de las ofrendas de la iglesia? Acoto algunas sugerencias:

1 **Una misericordia generosa no retarda su intervención.** A menudo las señales de que habrá problemas se pueden notar mucho antes de que se llegue a dar la acción en sí. Los líderes débiles no harán nada hasta verse obligados por las circunstancias o hasta que sus propias emociones los lleven a actuar. Sin embargo, así como los buenos padres no se esperan a que su pequeñín llegue a media calle para tomarlo del brazo y alejarlo del peligro, un buen líder reacciona tan pronto como sea posible. No se espere a estar enojado para reaccionar. Asegúrese de que la base de su motivación sea la necesidad del ofensor y no la suya.

2 **Una misericordia generosa lidia con el problema y salva la relación.** Muchos líderes ven las fallas en las personas que trabajan con ellos o para ellos como si fueran una traición personal. Una reacción común es: <<¿Cómo me pudiste hacer esto?>>. No obstante, la mayoría de las situaciones negativas surgen de una constelación de problemas subyacentes que bien pueden tener algo personal que ver con el líder o no.

Pablo era un brillante estudiante del instituto bíblico, pronto a graduarse. Venía de una familia próspera en comparación con otros de nuestros estudiantes. Me caía bien, por lo que me desanimó bastante saber que le había copiado un trabajo a otro estudiante. Como director académico, me tocaba lidiar con casos de copiado, que era bastante común en los centros de educación secundaria y terciaria en esa cultura. Lo que yo hiciera no solo afectaría a Pablo, sino que también sería un ejemplo para el cuerpo estudiantil. Dejé muy en claro que Pablo recibiría un cero en ese curso, pero que tendría los créditos suficientes para graduarse. Hablamos sobre la importancia que tiene la integridad para los cristianos, pero no mencioné nada de mi desilusión personal. Pablo continuó en el instituto, terminó el trimestre y se graduó. Meses después, me dio las gracias por lo que había llegado a ser una de las lecciones más grandes de su vida.

3 **Una misericordia generosa busca restaurar, no castigar.** El relato bíblico es la historia de la restauración de la relación entre la humanidad y su Creador. El castigo es una condición de muerte; es una cuerda que te baja a un pozo muy profundo y luego se retira. Pero la restauración deja una escalera en el pozo para que uno pueda volver a subir. La restauración mira hacia el futuro. El verso lema de este libro es Hechos 11:25: "Después fue Bernabé a Tarso para buscar a Saulo". No se violentaría el pasaje si añadiéramos "y se llevó con él una escalera". Después de una reunión difícil, tómese el tiempo de resolver los asuntos personales con los que trabajan con usted. Y mantenga ese tiempo de sanidad que va a tener bien presente en su mente en los momentos más difíciles de la reunión.

4 **La misericordia generosa tiene una memoria muy corta.** El conocer los defectos y las fallas de otra persona se puede convertir en un arma muy poderosa. Pienso que las palabras de Esteban cuando moría pesaron mucho en la mente de Saulo: "Señor, no les tomes en cuenta este pecado". Pesaron mucho en su mente hasta el momento de su propio encuentro con Cristo Jesús, y tal vez aún después. Sospecho que esas palabras eran el "aguijón" que Saulo estaba pateando, como le dijo Jesús camino a Damasco (Hechos 26: 14). Y, sin embargo, no hay ningún registro de que Bernabé le sacara en cara a Pablo su pasado. ¡Qué gran ejemplo para los líderes!

Al observar a su congregación un domingo en la mañana, el pastor Alberto notó que por tres domingos seguidos la familia Paterson no estaba en el lugar de costumbre. Él había acompañado a los padres de esta familia, Mary y Tomás, durante el duro proceso de restauración de su matrimonio después de que Mary confesara su infidelidad. Más tarde esa semana, fue a visitarlos y pudo confirmar su temor de que se habían ido para otra iglesia. Cuando Tomás trataba de explicarle al pastor por qué, la pareja se tomó de la mano. <<La verdad, pastor, es que estamos muy agradecidos por todo lo que usted y el Señor han hecho por nosotros. De veras que lo intentamos, pero sentimos que usted ya no nos mira a la cara; nunca nos ha vuelto a hablar como antes desde que todo esto pasó>>.

Los misericordiosos generosos aprenden a soltar los pecados perdonados en el mar del olvido de Dios.

Honor. Finalmente, los líderes fuertes pueden ser generosos al darles honor a los que trabajan para ellos. Cuanto más honor uno da, más crece la reserva propia.

Jesús honró a Natanael cuando lo llamó <<un verdadero israelita en quien no hay engaño>> (Juan 1:47). Honró la ofrenda de una pobre viuda (Marcos 12:42-44). También honró el gesto de amor de María Magdalena cuando lo ungió para la sepultura: "De cierto os digo que dondequiera que se predique este evangelio, en todo el mundo, también se contará lo que ésta ha hecho, para memoria de ella" (Mateo 26:13).

No obstante es difícil para algunos líderes honrar a las personas con quienes trabajan. Las palabras poco amables de la actriz y cantante Bárbara Streisand en su discurso de aceptación de su Oscar a Mejor Actriz la marcaron para siempre. Dijo que "ella quería 'agradecer a toda la gentecilla' detrás de su victoria. A nadie sorprende que este cumplido tan poco amable le cayera muy mal a esa 'gentecilla' que había trabajado en el film".[16] Interrumpir la demostración de honor lo empequeñece a uno.

Pienso que la dificultad surge de dos extremos opuestos. Por un lado, el orgullo ciega a los líderes para que no vean el papel importante que juegan las otras personas en su éxito. Por otro lado, los líderes que lidian con una autoestima baja a menudo temen que, si exaltan a alguien, esa persona los hará trizas. Una buena pista de que esto está pasando es cuando el líder ofrece unas palabras de reconocimiento a alguien y, de inmediato, hace una broma o comentario que humilla a la persona a la que acaba de elogiar, con lo que minimiza, consciente o inconscientemente, el efecto positivo de sus palabras de reconocimiento.

No recuerdo cuál fue mi error, pero jamás se me va a olvidar el momento de corrección que experimenté de parte del capellán para el que trabajaba cuando yo era un joven soldado. <<Isaac, siempre he dicho que eres el mejor asistente de capellán en Alemania, pero después de esto ya no lo puedo volver a decir>>. No sé cuál era su intención, pero su comentario me dejó dolido y confundido. Me prometí a mí mismo jamás poner a alguien en una situación similar.

Honre a los que lo han ayudado a tener éxito y celebre el éxito de los demás. Deténgase cuando se vea tentado a opacar el éxito de otro. Terry y yo decidimos que una parte importante de nuestro programa de plantación de iglesias incluiría celebrar los cumpleaños, los aniversarios, los nuevos convertidos, los bautismos, las dedicaciones de las iglesias, y cualquiera otra cosa que honrara a las familias que se habían abocado a incrementar el reino de los cielos entre nosotros.

He descubierto una frase poderosa que, invariablemente, logra impactar la interacción típica diaria con los que están cerca de nosotros. Después de recibir un buen servicio de parte de alguien como un mesero en un restaurante, o una recepcionista al teléfono, le pregunto a la persona cómo se llama. Usando su nombre, le digo: <<Fulano, ¿le ha dicho alguien hoy que usted está haciendo un buen trabajo?>>. Sin fallar, la persona se detiene, lo piensa por un momento antes de responder: <<No. Hoy no>>. A lo que yo respondo: <<¡Ánimo!>>. Esas pocas palabras casi siempre producen una reacción en la gente que va desde una sonrisa hasta lágrimas de una cajera que estaba teniendo un muy mal día en el trabajo. Proverbios 18:21 declara que la muerte y la vida están en poder de la lengua. En cuanto de mí dependa, voy a hablar vida a la vida de los que me rodean.

Bernabé tenía un espíritu generoso. Invirtió años de su vida en Pablo. En ninguna parte de la Biblia, se lee que en todo el tiempo que estuvieron juntos Bernabé le haya sacado a relucir a Pablo que alguna vez persiguiera a la iglesia. Esa es la misericordia bíblica en acción. Las acciones de Bernabé honraron a sus colegas misioneros, incluyendo a Pablo en todo lo que hizo. Si usted quiere tener un impacto poderoso como líder, hay pocos ejemplos mejores de seguir que el de Bernabé.

Lo malo

Pero cuando Pedro llegó a Antioquía, tuve que enfrentarlo cara a cara...
incluso Bernabé se dejó llevar por esa hipocresía

Debajo de la mesa y con la rodilla, Bernabé le llamó la atención a Pedro mientras Pablo caminaba hacia ellos. Bernabé reconocía esa mirada en los ojos de su amigo, penetrante y enfocada. Pedro volvió a ver y, cuando miró al joven fariseo, dijo sonriendo: <<Pablo, siéntate con nosotros>>.

<¿Sentarme con ustedes?>>. No era una pregunta. La voz de Pablo era lo suficientemente fuerte como para que las visitas que habían venido de Jerusalén escucharan. <<¿Cómo me puedo sentar con ustedes cuando se separan de nuestros hermanos y hermanas gentiles? ¿Cómo puedes vivir como gentil hasta que aparecen tus amigos de Jerusalén? ¿Está dividido así el cuerpo de Cristo?>>. La conversación se volvió un silencio que no auguraba nada bueno.

<<Y, Bernabé, amigo, ¿te estás dejando llevar por ellos tú también?>>. La llamada de atención de Pablo hizo a Bernabé encogerse por dentro. Pablo tenía razón. ¡Por supuesto que tenía razón! Los hermanos que habían llegado de Jerusalén no tenían ni idea de los meses que ellos dos habían trabajado lado a lado en el ministerio, arriesgando la vida, discipulando y amando a gente que en todo eran hermanos y hermanas en Cristo, excepto que no eran judíos. La reunión en Jerusalén debió haber resuelto el problema, pero era difícil cambiar actitudes que habían guiado a la gente toda su vida.

Pablo dio media vuelta y regresó donde estaba el grupo de creyentes de Antioquía compartiendo el pan del otro lado del salón. La comida en la boca de Bernabé de pronto le sabía a arena. Intercambió una mirada llena de dolor con Pedro, mientras los demás que estaban sentados en unas bancas rústicas alrededor de la mesa buscaban acomodarse mejor; todos, obviamente, se sentían bastante incómodos.

Bernabé se puso de pie. <<Con su permiso, hermanos>>, murmuró camino a la puerta. No podía quedarse a la mesa pero tampoco sentía que podía llegar a la mesa donde estaba Saulo; así que, salió al fresco de la noche.

<<Padre, perdóname>>, comenzó, pero se detuvo al sentirse inundado de recuerdos y pensamientos. Las personas con quienes había compartido la mesa habían sido sus amigos desde el principio. Todo este asunto de los creyentes gentiles era muy difícil. El Mesías llegó a Israel. Todos los apóstoles eran judíos. No obstante, Jesús les había ordenado que llevaran el evangelio a todo el mundo.

Y, ¿Pablo? Nuevamente su compañero se había colocado en el centro de la controversia. Pero, ¡tenía razón! <<¡Ay, Dios! ¡Ayúdame!>>, clamó con corazón compungido. Imágenes de los viajes que habían hecho juntos ida y vuelta a Asia Menor, a Jerusalén y otra vez a Antioquía se sucedían en la mente de Bernabé, ahí de pie en la oscuridad.

Tenía que definirse de una buena vez. No podía tener un pie aquí y otro allá. ¿Cómo era posible sentirse tan viejo y al mismo tiempo como un niñito muy regañado? Con todo, sabía lo que tenía que hacer.

Al fin, respiró hondo, dio media vuelta y volvió a entrar. Dudó un segundo, pero caminó despacio hacia la mesa en donde estaba Pablo y se sentó. Pablo miró a su compañero por un instante, ahora con una mirada más tranquila, y le pasó un pedazo de pan.

(Basado en Gálatas 2:11–14)

A todo el mundo le cuesta admitir que se ha equivocado. Todavía recuerdo el chiste que mi papá a menudo decía: <<Me equivoqué una vez. Bueno, la verdad es que pensé que me había equivocado. Pero, de hecho, ¡tenía razón!>>.

Los judíos creyentes en Cristo luchaban con una identidad cultural que se basaba en observar el rito de la circuncisión, las leyes de Moisés y la tradición de los ancianos. Estas firmes creencias se traducían en que los judíos no se juntaban con los gentiles; y romper esa barrera cultural era difícil. En Hechos 6, la iglesia nombró a siete diáconos porque se les estaba dando preferencia a viudas creyentes judías por encima de sus contrapartes griegas. En Hechos 10, Pedro tuvo que tener la visión de los animales impuros en una sábana antes de poder entrar a la casa de Cornelio, el centurión romano, con el evangelio. Y todavía luchaba con ese concepto, al igual que Bernabé.

Admitir las equivocaciones y los errores abre vulnerabilidades que algunos líderes no querrán confrontar. Si quienes lo siguen a uno llegan a ver el lado débil, falible de uno, ¿qué pensarán? ¿Llegará uno a perder influencia sobre ellos si lo ven?

Yo estaba con un grupo de líderes de la iglesia, tanto nacionales como del área, mirando el techo hundido de una iglesia cuya construcción estaba a mi cargo. Yo había intentado usar un sistema de armazones de madera para techos que sostuviera el peso del techo sobre los ocho metros de distancia entre las dos paredes del santuario. No se había probado antes y, en este caso, no había funcionado. La fuerza del techo pandeado había inclinado las paredes de bloques de concreto y había rajado las columnas de apoyo que también eran de concreto. Me preguntaba adónde me iba a dejar esta equivocación en la estima de aquellas personas cuyo respeto y confianza yo necesitaba para continuar con nuestro proyecto de plantación de iglesias.

Mi mayor error no era el sistema del tejado que habíamos usado sino una creencia irracional de que mi valor como líder dependía de la imagen de mi propia infalibilidad. Algunos líderes se esfuerzan mucho para transmitir una imagen de fuerza, inteligencia y competencia que llega a ser la base de su puesto; sin embargo, lo más seguro es que ser el más fuerte, el más inteligente o el mejor en lo que se hace no fueron las razones por las que lo seleccionaron como líder. Si lo hubiera sido, uno tendría que esforzarse continuamente para tratar de demostrar sus cualidades, al mejor estilo de los pistoleros del lejano oeste de los Estados Unidos que pensaban que tenían que batirse a balazos con cualquiera al que la gente considerara mejor que ellos.

El deseo de proteger este tipo de imagen puede desembocar en una de varias respuestas negativas a los errores o problemas.

1 **Negar.** Algunos líderes tratan de negar o minimizar los errores que ellos cometen. Por ejemplo, Tomás, un supervisor, tenía la costumbre de posponer o cancelar reuniones en las que se podría tocar el tema de la disminución en ventas de su departamento. O Darla, quien, en vez de lidiar con el problema que su esposo tenía con la bebida, llamaba a su jefe para decirle que estaba enfermo.

2 **Victimizar.** Otros líderes buscan algo o a alguien a quién echarle las culpas. El concepto de chivo expiatorio nace de la práctica del Antiguo Testamento en que se soltaba un macho cabrío vivo en el desierto después de que se le habían impuesto las manos en la cabeza para transferirle los pecados de todo el pueblo de Israel (Levítico 16:22). El macho cabrío se llevaba los pecados de las personas, lo que las libraba del castigo por sus acciones. De la misma manera, los líderes le echan la culpa a un miembro del equipo que por casualidad estaba ausente ese día, o a circunstancias desfavorables, o a cualquier otra cosa o persona con tal de no tener que asumir la responsabilidad por una equivocación o problema.

3 **Atacar.** La fuerza y la emoción de un ataque verbal a menudo desvían la atención de problemas subyacentes. El pastor principal de una iglesia llamó a Raúl, el pastor de niños, a la oficina para que le explicara por qué, al finalizar la semana de campamento de niños, no había habido transporte para traerlos de regreso. Pero en vez de leer los correos electrónicos impresos que Raúl le había llevado para demostrar que sí había solicitado los microbuses la semana anterior, el pastor le gritó por quince minutos sobre lo mal que Raúl lo había hecho quedar a él y de cómo esto dejaba mucho que desear de las habilidades de liderazgo de parte de Raúl.

La energía y el tiempo gastados en mantener una imagen ante la gente redundan en menos energía y tiempo para invertir en la atención y solución de un problema. Y como un trompo que gira pero comienza a tambalearse, esa imagen falsa cada vez es más y más difícil de sostener. Tarde o temprano se vendrá abajo.

Las batallas más importantes siempre se pelean y se ganan en el espacio que hay entre las orejas de uno. La salvación en Cristo comienza reconociendo que uno necesita un Salvador, y reconociendo que el camino que uno lleva está equivocado y debe cambiar. Llegar al punto en que uno reconoce un error comienza dentro de uno. La buena noticia es que, una vez que uno se admite a sí mismo la equivocación, el error o un problema, se abre la puerta para una solución, ya sea tan eterna como el futuro de su alma o tan pasajera como el techo de una iglesia.

Hacerse responsable. Al estar ahí de pie junto con los líderes uruguayos mirando el techo hundido me di cuenta de que solo podía hacer una cosa; no había más remedio. <<Esta es mi responsabilidad. Yo lo corrijo>>, les dije, aunque no tenía ni idea de si lo lograría, ni tampoco de cómo lo haría. Esperé algún comentario o crítica, pero no hubo ni lo uno ni lo otro. Los líderes estuvieron mirando por aquí y por allá un poco antes de irse para sus automóviles.

Reflexionando sobre ese momento ahora, pienso que, como buenos maestros, estaban buscando soluciones y tomaron mi aceptación de la responsabilidad como el primer paso hacia una solución. Para mí esa llegó a ser una gran lección. El presidente de los Estados Unidos Harry Truman era famoso por un dicho enmarcado que tenía en su escritorio en la Oficina Oval de la Casa Blanca que decía: "El marcador se detiene aquí". La frase viene de un ritual que se seguía en los juegos de cartas en los que un marcador, a menudo un cuchillo, se pasaba del jugador que en esa ronda había repartido las cartas al siguiente que le tocara repartir. La frase "pasar el marcador" llegó a significar en inglés rehusar repartir las cartas, y tiempo después, rehusar aceptar la responsabilidad. Si el marcador se detenía donde uno estaba sentado, uno era responsable. El dicho en el escritorio del presidente Truman significaba que, en última instancia, él era el responsable por las decisiones tomadas por su administración.[17] Él no se lavaría las manos.

El primer paso para asumir la responsabilidad puede ser tan sencillo como pedir disculpas. Uno de nuestros hijos me llamó por teléfono. Le leí la historia de Bernabé que acompaña este capítulo al inicio y le dije lo que quería expresar. Su respuesta me sorprendió y me hizo sentir muy bien. <<¿Sabes?, papá. Una cosa que mamá y tú nos enseñaron a hacer bien fue a pedir perdón>>.

Las disculpas, verbales o no, pueden ser muy poderosas. El canciller alemán, Willy Brandt, dejó a los presentes y al mundo entero boquiabiertos en 1970 cuando se puso de rodillas espontáneamente en las gradas del monumento al Levantamiento del Gueto de Varsovia en el cual casi medio millón de judíos murieron durante la Segunda Guerra Mundial. “No cabe duda. Willy Brandt sorprendió a todos. Los políticos comunistas de Polonia estaban atónitos por este breve gesto. Sin embargo, los intelectuales polacos han loado grandemente a Willy Brandt desde entonces”.[18]

El asumir la responsabilidad hace que se consolide la confianza de quienes trabajan con uno, confianza de que pueden ir a hablar con uno sabiendo que se les va a escuchar y se va a buscar la solución a lo que les preocupa. Piense por un momento en la gente en la que usted confía de verdad. Si usted fuera a confrontar a cualquiera de ellos por un error que cometió o un problema que causó y que debe recibir corrección, ¿cómo respondería cada uno? Lo más probable es que la confianza que usted les tiene viene de la seguridad suya de que cada uno de ellos aceptaría su propia responsabilidad y haría algo al respecto para resolver el asunto.

Hacer algo. Cinco mil dólares. Ese era el costo proyectado de quitar el techo defectuoso y el armazón que lo sostenía y de reponerlos con una armazón de acero y techo de metal. Oré, llamé a uno de nuestros fieles donantes y, después, le di gracias al Señor por su fidelidad en ayudarnos a arreglar el techo. Esa iglesia ha crecido desde entonces y está alcanzando a su comunidad con las buenas nuevas de Jesucristo. Dudo que mucha gente alce la vista para mirar el cielorraso y recordar el error que casi hace que el techo se viniera abajo, pero yo sí lo recuerdo y también los líderes que estuvieron ahí ese día conmigo.

No obstante, hay demasiadas iglesias, proyectos e ideas maravillosas que han languidecido y, a menudo, muerto por falta de que se dieran los pasos necesarios, y a veces prometidos, para resolver un problema o quitar un obstáculo. Pocas cosas son más frustrantes para los colegas y los voluntarios que eso.

<<Estas no parecen hormigas>>. Liana señaló los pequeños insectos que yacían en el marco de madera de la ventana. <<Muy bien. ¿A quién llamamos?>>, contestó su marido, Carl, no muy convencido. Dos llamadas y un tratamiento contra plagas después, tanto Liana como Carl estaban preocupados pero aliviados. Habían detenido la plaga de termitas que había invadido desde el jardín del frente y había comenzado su marcha destructora por la casa de la pareja antes de que estos insectos hicieran mucho daño. La hermana de Carl y su cuñado tenían una historia mucho más costosa que contar. El daño que habían causado las termitas en su casa por no fumigar les había costado miles de dólares, pues los había obligado a cambiar partes de las paredes, los pisos y el marco sobre la puerta del garaje.

Si los problemas, errores y malentendidos no se tratan, roen las relaciones y la confianza, como las termitas. Cuanto más pronto se identifiquen y se actúe, mayores las posibilidades de que haya un daño mínimo o que no haya ninguno.

Muchas veces la falta de acción no se debe a falta de motivación, sino más bien a la ausencia de un plan de acción concreto. Considere los pasos que hay que dar para corregir el problema. ¿Quién más debe estar involucrado en la solución? ¿Cómo se sabe cuándo el problema está resuelto?

Dar los pasos necesarios para avanzar. Avanzar significa no dejar que sus pecados pasados y los errores que haya cometido controlen sus decisiones futuras. Cuando hablamos, en un capítulo anterior, de cómo lidiar con el fracaso, subrayé la importancia de no dejar que los fracasos se volvieran el último capítulo de su vida. Uno de los mayores fracasos con el que todos lidiamos es con el fracaso de vivir a la luz del perdón de Dios.

El perdón es la base de nuestra vida en Cristo Jesús. Saulo comenzó a ser el gran apóstol Pablo porque experimentó el milagro del perdón por perseguir a la iglesia y causar la muerte de tantos cristianos. Él reconoció eso en sus escritos pero no vivió en las sombras de su pecado. "No hay, pues, ninguna condenación para los que están en Cristo Jesús" (Romanos 8:1), comienza un pasaje de las Escrituras que brilla con fuerza como un pináculo que refleja la plenitud de la gracia de Dios para nosotros.

Las Escrituras no nos muestran la respuesta de Bernabé a la confrontación de Pablo con respecto al asunto de comer o no con los creyentes gentiles, pero la actitud de asumir la responsabilidad, hacer algo y dar los pasos para seguir adelante calzan bien con lo que sí logramos ver de su personalidad.

Reconozca con toda transparencia sus errores y pecados, pida perdón y haga lo que pueda para hacer retribución. Y, entonces, por la gracia de Dios, siga adelante con el siguiente reto que está frente a usted. Los que trabajan con usted se verán impactados por su decisión. Algunos hasta se lo agradecerán.

El conflicto

Se produjo un desacuerdo tan grande que se separaron el uno del otro. Bernabé tomó consigo a Marcos y se embarcó rumbo a Chipre

<<¡No!>>. La respuesta cortante de Pablo hizo que Bernabé se detuviera de inmediato. Bernabé lo miró a los ojos y se topó con esa mirada fija que conocía tan bien.

Unos días antes, Pablo había sugerido que regresaran a visitar a las iglesias que habían fundado en su primer viaje. A Bernabé le había parecido una excelente idea y le preguntó: <<¿Qué te parece si llevamos a Marcos con nosotros otra vez? >>.

<<Oremos al respecto>>, le había respondido Pablo, pero su tono brusco le había advertido a Bernabé que no estaba muy contento con la idea.

Conforme Bernabé oraba, se convencía más de que Marcos necesitaba otra oportunidad, más tiempo trabajando con los dos apóstoles, para avanzar a otro nivel en su propio ministerio.

Unos días después, cuando Bernabé volvió a tocar el tema, Pablo parecía irritado. <<Bernabé, conoces bien los peligros que nos esperan. No podemos darnos el lujo de correr el riesgo de que Marcos nos abandone otra vez>>.

<<Pero yo puedo ver cuánto ha madurado; solo necesita otra oportunidad>>.

<<Bueno, mi hermano, déjame orar otra vez esta noche y mañana en la mañana hablamos>>.

Bernabé se había topado a su primo esa noche después de la reunión de oración con los líderes de la iglesia de Antioquía. <<Dime qué dijo, Bernabé>>, le había preguntado el joven.

<<Vamos a tomar la decisión mañana en la mañana>>, le había respondido el apóstol. Al ver la alarma en la cara de Marcos, añadió: <<Pero no te preocupes. Tengo paz con respecto a esto. Sé que el Señor nos va a guiar a todos>>.

Esa paz hacía que este fuera un momento extremadamente difícil. ¿Qué tendría el Señor entre manos? ¿Qué estaba pensando Pablo? Bernabé miró otra vez al hombre que había tomado bajo su protección, y a quien había estado enseñando y empoderando. ¿Cómo habían llegado a distanciarse tanto? Bernabé supo que tenía que dejar un último punto muy claro con quien había sido su discípulo. <<¿Recuerdas nuestro viaje de regreso de Tarso a Antioquía?>>, le preguntó.

La mirada de Pablo se endureció un poco. <<¿Por qué sacas eso a relucir ahora? ¿Me vas a obligar ahora porque tú obedeciste al Señor hace años?>>.

<<¡Es una situación similar!>>, afirmó con fuerza.

<<¡No! ¡No lo es!>>, recibió por respuesta.

Entonces Bernabé supo lo que tenía que hacer, así como había estado tan seguro de lo que debía hacer con Pablo cuando primero lo conoció. Le devolvió a Pablo la mirada fija. <<Me llevo a Juan Marcos y zarparemos para Chipre>>.

Pablo rompió el silencio con un tono suave pero firme: <<Le pediré a Silas que me acompañe a Siria y Cilicia>>.

Dolido pero en paz, Bernabé observó a Pablo dar media vuelta y alejarse.

(Basado en Hechos 15:36–41)

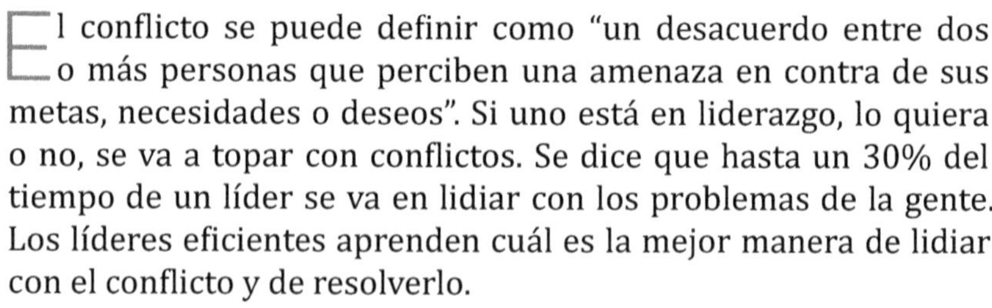

El conflicto se puede definir como "un desacuerdo entre dos o más personas que perciben una amenaza en contra de sus metas, necesidades o deseos". Si uno está en liderazgo, lo quiera o no, se va a topar con conflictos. Se dice que hasta un 30% del tiempo de un líder se va en lidiar con los problemas de la gente. Los líderes eficientes aprenden cuál es la mejor manera de lidiar con el conflicto y de resolverlo.

Aunque no sabemos mucho de cómo Bernabé manejó los conflictos, sí podemos ver cómo lo hizo Pablo en Hechos y en sus epístolas. Desde perseguir cristianos hasta confrontar más tarde a Pedro por la forma en que trató a los gentiles, Pablo atacaba los conflictos de frente. Su estilo confrontativo con los judíos helenistas en Jerusalén redundó en que lo mandaran para Tarso. Ese mismo estilo llevó a que Barjesús se quedara ciego en Chipre.

La forma opuesta de lidiar con los conflictos es ignorarlos o negarlos. La negación es un poderoso mecanismo de defensa que puede ayudar a una persona a atravesar una situación difícil, pero ignorar los problemas no hace que desaparezcan. El pastor Harold y su esposa Penney trabajaban con un asistente administrativo que constantemente causaba problemas con el grupo de adultos jóvenes. La forma en que ellos respondían a esta situación era lidiar con cada problema conforme se iba presentando en vez de confrontar la conducta perjudicial. Temían que confrontarlo fuera a causar mayores problemas.

Otros líderes tratan de quedar bien con todos cuando intentan resolver un conflicto. Algunos llevan este acercamiento al extremo y se vuelven como camaleones que cambian de color según su entorno. Así se podría describir la actitud de Pedro cuando llegaron los hermanos judíos de Jerusalén a visitar la iglesia en Antioquía, pues desdeñó a la gente con la que antes había estado en comunión. La noche en que Jesús fue llevado ante quienes lo acusaban, Pedro lo negó usando las mismas malas palabras que usaban las otras personas que estaban alrededor del fuego.

Otros se ponen a negociar, procurando que todos los involucrados cedan un poquito para llegar a una solución mutuamente aceptable. Es como los que compran y venden una casa. El resultado no es siempre lo que ambas facciones querían al principio, pero cada uno acabó con algo.

Un último estilo para lidiar con el conflicto es la colaboración, que busca facilitar que todos trabajen juntos en la consecución de las metas. En este proceso, los individuos deponen sus necesidades y metas particulares para trabajar por una meta común. En Hechos 6 se eligió a siete hombres para que trabajaran juntos a fin de satisfacer las necesidades de todo el cuerpo de Cristo, sin importar sus propios sentimientos o preferencias con respecto a las viudas tanto judías como gentiles.

La forma en que las personas lidian con el conflicto puede variar dependiendo de las circunstancias. Enrique era un supervisor a nivel de los mandos medios en una compañía que fabricaba automóviles. También estaba en la junta directiva de su iglesia. Un día, su supervisor lo llamó a una reunión para discutir por qué las metas de producción no se habían cumplido en los dos meses anteriores. Como siempre, Enrique se mostró compungido en la reunión. Tendía a evitar los conflictos con su superior a toda costa, y cedía en cualquier punto que fuera necesario para evitarlos. Sin embargo, esa noche asistió a la reunión de junta directiva de la iglesia en que se iba a discutir la merma en la asistencia y las ofrendas. Ahí, Enrique argumentó agresivamente su punto de vista, como solía hacer, a pesar de lo que los otros pensaran o dijeran. Enrique tenía muy poca influencia en su trabajo pero disfrutaba el poder que tenía en la junta directiva de la iglesia. Los dos puestos de liderazgo que tenía sacaban a relucir diferentes facetas de su vulnerabilidad y débil sentido de valor personal.

Uno puede mejorar el papel que juega como miembro de un equipo o como líder simplemente reconociendo la forma de manejar un conflicto. Una forma de lograrlo es considerar dos posibles escenarios: ¿Estoy en el extremo receptor de un conflicto, o me toca a mí lidiar con un problema con lo que tal vez estaría iniciando un conflicto?

Un conflicto dirigido contra mí. Terry y yo acabábamos de regresar de un viaje al exterior cuando recibí un mensaje de voz de un supervisor que afirmaba que, no importaba lo que pasara, él me iba a apoyar. El único problema era que ¡yo no tenía idea de qué había pasado para que él me rindiera su apoyo! Rápidamente, leí mis correos electrónicos y descubrí una queja mordaz que se había entregado contra mí y que se había enviado no solo a mi supervisor sino también a su jefe. Conforme Terry y yo atravesamos este conflicto, fui recordando algunos principios que se aplican a casi todos los problemas o conflictos.

1 **No requieren una respuesta inmediata.** Una respuesta rápida, generalmente, no está bien pensada. Ayudará tomarse el tiempo para discutir el problema con su cónyuge y algunos amigos en quien uno confía. Yo le agradezco al Señor por los buenos consejos que recibí en esa ocasión para lidiar con el conflicto.

2 **A veces no son solo ataques sin fundamento.** Merecido o no, lo que se siente como un ataque personal puede contener un grano de verdad. Después de pensar largo y tendido sobre esa queja, la respuesta que le di al supervisor fue: <<Cuando uno le quita lo mordaz al correo electrónico, quien lo escribió no deja de tener algo de razón>>. Cuanto más tiempo uno gasta defendiéndose, más evita lidiar con la crisis inmediata y con algunos problemas subyacentes que tal vez haya por ahí, y esto no resuelve el problema.

3 **No se resuelven con contraataques.** Muchos conflictos se vuelven señuelos para distraerlo a uno del objetivo principal que es lidiar con el problema. Evitar las distracciones requiere de fortaleza interior y de confianza en uno mismo, no importa lo importantes que esas distracciones parezcan en ese momento. Una vez me vi envuelto en una pelea a pedradas con mi mejor amigo de la infancia, Charlie Morris. Todo comenzó de regreso a casa de la escuela con unas piedrecitas que nos lanzábamos el uno al otro, pero terminó con una herida en mi cuero cabelludo, ¡solo porque Charlie tenía mejor puntería que yo! Una forma de parar una guerra de piedras es ¡dejar de lanzarlas! Al rato, el otro bando se quedará sin municiones. Ah, y ¡no guarde piedras para usarlas después!

4 **Hay que lidiar con ellos y dejarlos atrás.** A veces es imposible corregir completamente una situación o reestablecer una relación. En medio de un poderoso pasaje sobre la vida cristiana en Romanos 12, Pablo nos deja una perla de respuesta a este dilema: "Si es posible, en cuanto dependa de vosotros, estad en paz con todos los hombres" (v. 18). Uno puede controlar sus propios sentimientos y acciones. Haga lo que pueda hacer de su parte: pida disculpas, cambie de conducta, lo que sea necesario. No hay ninguna garantía de que el otro bando cambie, pero eso está en las manos de Dios. En mi caso, nunca reaccioné ni respondí directamente a la

queja mordaz. Solo hice lo que tenía que hacer para resolver el asunto que había dado lugar a la queja.

5 **Se pueden volver oportunidades para crecer si uno lo permite.** Este conflicto me llevó a orar, a hacer consultas y a pensarlo mucho. El Señor me enseñó a confiar en Él a otro nivel, y yo acabé con una nueva sensación de confianza en mí mismo.

Un conflicto iniciado por mí. ¿Alguna vez te has preguntado qué pasó por la mente de Natán cuando atravesó del palacio rumbo a confrontar a David por su pecado con Betsabé? El profeta, obviamente, invirtió mucho tiempo pensando en lo que iba a decir. Se le ocurrió una historia de un hombre rico que se apropió del único cordero de un hombre pobre. Debió de haberse preguntado cómo reaccionaría el rey David al conflicto que surgiría cuando él le dijera: <<¡Tú eres ese hombre!>>. David bien habría podido apresarlo o hasta matarlo, pero no hizo ninguna de las dos cosas (2 Samuel 12:1-14).

Una solución positiva de un conflicto iniciada por uno requiere de una buena preparación. He aquí algunas ideas que podrían ayudar a resolver conflictos.

1 **Comience poniéndose una meta específica.** ¿Qué es lo que quiere lograr como resultado de esa reunión? Por ejemplo, <<Como resultado de hablar con José, quiero verlo tratar a sus compañeros de trabajo con más respeto>>.

2 **Hable desde su propia perspectiva no de la de la otra persona.** En vez de decir, <<Tienes que...>>, diga algo como <<Yo pienso que... cuando veo...>>.

3 **Sea específico y evite generalizaciones.** <<Usted nunca llega a tiempo>>, pasa a ser <<Pude observar que llegó tarde el martes y el jueves de la semana pasada>>.

4 **Concéntrese en las conductas del presente; no saque a relucir el pasado.** No se deje llevar por la tentación de añadir: <<Eso me recuerda que el año pasado usted...>>.

5 **Evite insultos y palabras hirientes.** No use afirmaciones como: <<¿Se da cuenta de que eso fue una tontería de su parte?>>.

6 **No busque castigar a la persona ni desquitarse de ella.** Comentarios como: <<Estoy pensando en despedirte por eso>>, generalmente, aumentan el resentimiento, en vez de producir un cambio positivo.

7 **No juzgue los motivos.** Decir: <<A mí me parece que a usted no le gusta trabajar aquí>> no ayuda. Acepte, literalmente, lo que la persona le dice.

8 **Póngase como meta soluciones viables, no ganar.** Evite decir algo como: <<De aquí no salimos mientras no admita que lo que hizo estaba mal>>, o <<Debe disculparse con sus compañeros de trabajo por su mala actitud>>.

Proverbios 27:17 nos enseña que "Hierro con hierro se aguza, y así el hombre aguza el rostro de su amigo". Saltan las chispas y se escucha un fuerte sonido de raspado, pero la intención es dejar un buen filo en una espada o lanza de modo que cumpla el propósito para el que se diseñó. Un conflicto manejado correctamente y con un buen propósito puede lograr el mismo fin.

El agudo conflicto entre Pablo y Bernabé dio al traste con un trabajo en equipo que logró muchas cosas buenas para el Señor. Si bien los dos siguieron adelante, trabajaron con nuevos compañeros y fueron testigos de nuevas victorias para el Reino; nunca sabremos qué hubiera pasado si hubieran resuelto sus diferencias bíblicamente. Haga todo lo que pueda no solo para evitar el conflicto (lo que no pasará) sino también para lidiar con el conflicto de una forma sana. El hacerlo así lo marcará como un líder confiable que no teme ni enfrentar ni resolver un conflicto.

El legado

Trae a Marcos contigo cuando vengas, porque me será de ayuda en mi ministerio

Marcos bajó la cabeza para no golpearse con el techo de piedra al pasar por la oscura entrada. Esperó un poco para que sus ojos se ajustaran a la penumbra de la celda tan mal iluminada. El olor a orina y a cuerpos que no se habían bañado en quién sabe cuánto tiempo inundaba el ambiente. Marco no podía ver la pared del fondo, pero la celda se sentía opresiva. <<¿Pablo?>>, llamó en una voz que se apagó sin eco. Vio un movimiento en las sombras y oyó una voz que reconoció al instante.

<<¡Timoteo!, hijo>>.

<<No, hermano Pablo. Soy yo, Juan Marcos. Timoteo está arreglando lo de nuestro alojamiento, pero yo quise venir directamente a verlo>>.

<<¡Ah, Marcos! No estaba seguro de que fueras a venir>>, replicó el anciano calvo y encorvado. Marcos entrecerró los ojos en la oscuridad, tratando de ver al apóstol que se encontraba ante él. Parecía que no estaba muy bien. La cadena que Pablo tenía al tobillo le rozó la pierna, un recordatorio de parte del guarda que estaba a la vuelta de la esquina de que no debía alejarse demasiado.

Ambos hombres se miraron por un momento, un poco incómodos, hasta que Marcos alzó los brazos para darle a Pablo un fuerte abrazo. Con lágrimas en los ojos, Marcos susurró: <<¡Se ha ido!>>.

Pablo se hizo un poco para atrás para poder verlo a los ojos. <<¿Bernabé?>>.

<<Sí>>, comenzó Marcos. <<Estábamos otra vez en Salamina predicando...>>.

Pablo interrumpió. <<Él era de ahí, ¿verdad? Nunca se pudo mantener alejado por mucho tiempo. ¿Recuerdas que nos llevó ahí de primero cuando atracamos en Chipre? Y para allá te llevó cuando nosotros, cuando nosotros...>>.

<<...tomamos rumbos diferentes. Sí. Lo recuerdo>>. Marcos terminó la idea sin sentir remordimiento. <<Dios nos había dado unos nuevos creyentes que discipular, pero los judíos atraparon a Bernabé una noche en que iba solo, y lo mataron a pedradas>>. Se detuvo y tragó grueso. <<Yo lo encontré en las afueras de la ciudad y lo enterré cerca de un grupo de olivares adonde le encantaba ir a orar>>.

Reinó el silencio por unos minutos.

Finalmente, Pablo se aclaró la garganta y dijo: <<Cuéntame de tu nuevo trabajo>>.

Marcos contestó: <<Está casi concluido, pero no se parece en nada a sus cartas. He estado viajando con Pedro. Estamos reuniendo las historias sobre el Maestro y escribiendo sus enseñanzas>>.

<<Ah, Marcos>>, respondió el apóstol, asintiendo con la cabeza. <<Estoy seguro de que el Espíritu Santo te inspira mientras escribes. Han sido, ¿cuántos?, más de treinta años desde que Jesús regresó al cielo. Las iglesias necesitan un registro fidedigno de todo lo que el Maestro hizo y dijo>>.

Nuevamente, hubo silencio entre ellos. Marcos siguió estudiando al anciano que tenía al frente, preguntándose qué lo habría movido a mandarlo a llamar.

Tal vez porque se daba cuenta de que el joven tenía muchas preguntas, Pablo comenzó: <<Marcos, me equivoqué cuando me opuse a que nos acompañaras>>. Marcos protestó con un ademán, pero el apóstol continuó: <<Eres útil para el ministerio. Has sido muy útil para mí, y te lo debí haber dicho hace mucho>>. Para darle las gracias, Marcos asintió con la cabeza, no muy seguro de qué decir.

Pablo hizo una pausa antes de preguntar: <<¿Adónde vas a ir ahora?>>.

<<El Señor ha abierto una puerta para ministrar en Alejandría. En cuanto el clima lo permita, voy a viajar allá>>, contestó. Lo pensó un momento y luego dijo: <<Me dice Timoteo que con esta segunda encarcelación será difícil que usted...>>. La voz se fue desvaneciendo.

La mano tosca de Pablo, llena de callos gracias a su oficio de tejer tiendas de campaña, tomó a Marcos por la nuca con cariño. Marcos reconoció la misma penetrante intensidad en los ojos del anciano que le había resultado tan familiar a Bernabé. <<He peleado la buena batalla. ¡He guardado la fe!>>. Pablo hizo esta declaración sin titubear.

Halaron la cadena otra vez. Significaba que la visita de Marcos se había terminado, pero la mirada de Pablo seguía enfocada en el joven mientras decía: <<Bernabé también guardó la fe. Él vio algo en mí. Él vio algo en ti. Y no se dio por vencido con ninguno de nosotros>>.

Marcos observó a Pablo darse vuelta en silencio y desaparecer en la oscuridad de la celda.

(Basado en 2 Timoteo 4:11 y la tradición de la iglesia primitiva)

La iglesia Templo de Alabanza era reconocida en la década de los 80 como una de las primeras mega iglesias que hubo en la región. El pastor Caleb puso a la congregación a la vanguardia del ministerio eclesiástico. Cientos de creyentes conducían muchos kilómetros para asistir a los cultos del domingo en esa iglesia, y había una demanda muy alta, en todo Estados Unidos, para que el pastor Caleb predicara.

De repente, se acabó. El pastor Caleb anunció desde el púlpito que sentía que Dios lo guiaba a dejar la iglesia para enfocarse en su ministerio en el ámbito nacional. Casi inmediatamente, la asistencia empezó a disminuir, y pronto lo que quedaba de la congregación era un pequeño grupito que hacía que el auditorio de la iglesia se sintiera y sonara como una inmensa caverna. La investigación del incendio que poco después destruyó el edificio reveló no solo que había habido malas intenciones, sino que algunos pensaban que había sido una coincidencia muy conveniente. La influencia del pastor Caleb en esa región duró lo que duraron en desparramarse las cenizas del incendio llevadas por el viento.

El verdadero impacto del liderazgo de uno no se verá sino hasta que uno se vaya. Los líderes influyentes deben mantener esto en mente en todo lo que hagan durante el tiempo en que ejercen como líderes.

Después de su fuerte desacuerdo con Pablo, Bernabé desaparece de las páginas del Nuevo Testamento; y, sin embargo, aun cuando Pablo se llevó a Silas con él al sur de lo que hoy es Turquía, siguió un patrón de ministerio implementado por Bernabé. La influencia de Bernabé permaneció, y su legado se mantiene todavía hasta hoy.

Considere estas sugerencias para ser un líder con un impacto que perdure.

Planee de antemano. El mundo del rock se estremeció cuando se supo que la mega estrella, Prince, había muerto de repente por una sobredosis de alguna droga. No dejó un testamento que distribuyera su herencia estimada en unos 300 millones de dólares. Les llevará años a las cortes decidir qué hacer con toda esa riqueza, que incluye una mansión y cientos de canciones sin publicar.[19] Prince no pensó mucho en aquellos a quienes les tocaría dirigir su imperio de rock cuando él ya no estuviera.

Durante sus tres años de ministerio activo, Jesús mencionó constantemente que Él no estaría siempre con sus discípulos. Su trabajo, cuando Él no estuviera, sería consolidar a la iglesia y ayudarle a crecer con base en las enseñanzas de Jesús. También les prometió que les enviaría otro consolador, el Espíritu Santo (Juan 14:6).

Un legado fuerte no se da por accidente. Pregúntese qué pasaría si de repente lo sacaran a usted de escena. ¿Podría alguien llegar no solo a cubrir lo básico mientras se prepara a alguien para sustituirlo, sino a tomar las riendas y llevar la visión que usted tenía hasta que se hiciera realidad? Si ese no es el caso, ¿qué tendría que hacer usted para que esto sucediera? Así como los padres considerados invierten tiempo y dinero preparando un testamento para evitarles a sus hijos confusión, dolor y un posible conflicto, los buenos líderes van preparando las cosas para cuando les toque dejar su puesto de influencia.

Durante los diez años del liderazgo del pastor Felipe, la iglesia que pastoreaba había comprado una propiedad y había completado tres fases de construcción conforme la congregación crecía y prosperaba. Sin embargo, los dos últimos años, Felipe había sentido del Señor que su pastorado estaba llegando a su fin. Durante ese tiempo, Felipe habló de este cambio con la junta directiva de la iglesia, su supervisor estatal y algunos de sus amigos pastores de más confianza. Cuando más tarde el Señor le confirmó que había llegado el momento de entregar su pastorado a la iglesia, su carta de renuncia no le causó sorpresa al liderazgo de la iglesia ni al del estado. Había hecho todo lo que podía para prepararse a sí mismo, a los otros líderes y a su congregación para la inminente transición.

Reconozca cuándo es tiempo de irse. Creo que una de las causas de conflicto entre Pablo y Bernabé fue que Bernabé no supo reconocer el momento de soltar a Pablo. Bernabé quería que Pablo continuara trabajando con él y que hiciera el mismo tipo de inversión en Marcos que Bernabé había hecho en Pablo. Su perspectiva era diferente a la de Pablo porque él podía ver algo en Marcos que Pablo no podía ver. Esto era lo que marcaba el ministerio de Bernabé, pero las fortalezas de Pablo estaban en otras áreas.

¿Cuáles son algunos indicadores de que ha llegado la hora de considerar hacer un cambio?

1 **Uno tiene una nueva visión.** Todavía puedo experimentar nuevamente el momento en que, de pie en las graderías durante una convención y con mi hijita de cuatro años en brazos, Dios nos llamó a ser misioneros. Basados en ese llamado, Terry y yo pusimos la renuncia a nuestro pastorado para comenzar una nueva vida.

2 **Uno ha llevado a cabo lo que se había propuesto.** En Uruguay, después de diez años en el ministerio del instituto bíblico, Terry y

yo sentimos que Dios nos llamaba a plantar iglesias. Al ir llegando a la realización de esa meta, comencé a sentir inquietud en mi corazón de que era hora de hacer otro cambio.

3 **Los que trabajan con uno están listos para asumir más responsabilidad, y tal vez hasta parte de la de uno.** Puede llegar a ser muy amenazante cuando alguien que trabaja para uno comienza a hacer algunas de las cosas que uno ha hecho. Sin embargo, también puede ser una señal de que esa persona está lista para hacer más.

4 **El tanque donde uno almacena su pasión está vacío.** El ex director general de la General Electric, Jack Welch, identifica cinco cualidades esenciales del liderazgo: energía personal positiva, la habilidad de llenar de energía a otros, la ventaja de poder tomar decisiones difíciles oportunamente, el talento para ejecutar y la pasión. Tome nota que tres de estas tienen que ver con energía y pasión.[20] La falta de pasión lleva al estancamiento. Si uno piensa más en las victorias pasadas que en los retos futuros, puede ser que sea hora de hacer un cambio.

No deje ninguna sorpresa para su sucesor. Un buen amigo y su familia se pasaron en el invierno a la casa que acababan de comprar, solo para quedarse sin calefacción a los pocos días. Una investigación cuidadosa reveló que había que cambiar, a un costo muy elevado, el sistema de calefacción incluyendo la tubería. El dueño anterior le había hecho arreglos rápidos y pasajeros a un problema que pronto llegó a exigir la atención del nuevo dueño. Esa fue una sorpresa no muy agradable.

Haga todo lo posible para arreglar los problemas y terminar los proyectos, e infórmeles a sus seguidores de las situaciones con las que se podrían encontrar. De ser posible, hable con su sucesor o deje notas detalladas. El nuevo líder tiene la prerrogativa de escoger seguir sus recomendaciones para lidiar con las situaciones o no, pero por lo menos ahí tiene la información que necesita para avanzar. Su iglesia, misión o proyecto puede seguir creciendo dependiendo de lo que usted haya dejado tras de sí.

Construya puentes en vez de quemarlos. Una de las historias más tristes sobre la transición de liderazgo se encuentra en los primeros versículos de 1 Reyes 2. Justo antes de morir, el rey David le ordenó a Salomón que matara a Joab y a Simei. Joab era primo de David y general de su ejército, pero había usado su posición para manipular a David en varias ocasiones. Simei había pronunciado maldiciones sobre David cuando huía del golpe de estado que le hizo Absalom. Los dos le habían hecho daño a David, y el viejo rey quería vengarse de ellos.

¡Qué diferente del ejemplo de José en Génesis! Los hermanos de José temían que después de que muriera su padre, Jacob, José buscara vengarse por el hecho de que lo habían vendido como esclavo. Sin embargo, José repite dos palabras en Génesis 50:19 y 21 que establecen un patrón para las transiciones exitosas: "No teman".

Haga lo posible para que quienes vengan detrás de usted puedan construir sobre lo que usted ha hecho sin temor de que de algún modo usted les vaya a cobrar errores, desacuerdos o hasta ataques del pasado contra usted. El perdón es una herramienta muy poderosa. Perdone, no sobre la base de si ese perdón es merecido o no, sino sobre cómo ese perdón puede construir un puente entre su trabajo y el de su sucesor.

Suelte. Nuestra casa estaba a solo una cuadra de la iglesia que pastoreábamos. Nos llevó más de un año venderla después de haber renunciado al pastorado para iniciar nuestra carrera en las misiones. Nos resultó muy difícil referir a nuestros feligreses, es decir, a nuestros amigos, al nuevo pastor y a los líderes del estado cuando esos feligreses nos visitaban porque necesitaban un consejo con problemas de la iglesia, pero nos mantuvimos firmes, pues ya no éramos sus pastores.

Yo no soy partidario de que, cuando uno deja su puesto de liderazgo, ya sea el pastorado u otro puesto de responsabilidad, se deba cortar todo tipo de contacto con sus colegas y amigos. Terry y yo todavía tenemos muchos amigos de la iglesia que una vez pastoreamos, y también de nuestro trabajo en Uruguay. Sin embargo, debe haber una línea de separación muy clara entre lo que es amistad y lo que tenga que ver con el liderazgo. Esa línea se puede definir de varias maneras.

1 **Espere cambios en la forma de hacer las cosas.** Habrá cambios, y puede ser que usted apruebe esos cambios, o no.

2 **Evite dar sugerencias a menos que sea el líder que lo sustituyó quien se las pida.** Es muy posible que quien lo reemplazó cometa errores que usted puede prever fácilmente; no obstante, ese líder también tiene que aprender, tal y como aprendió usted.

3 **Nunca jamás critique a los que ahora ocupan su lugar.** Las palabras de Jesús en Juan 8:7 calzan muy bien aquí: "El que esté libre de pecado, tire la primera piedra". Usted cometió sus errores en el camino. Permítale a su sucesor lidiar con sus propios retos sin tener que preocuparse por usted.

Pienso que el legado de uno se construye durante el tiempo en que uno funge como líder, desde el día en que empieza hasta el día en que entrega las llaves. Ame al Señor. Sirva a la gente. Anime a todos. Vea lo que los demás no ven. Haga lo que los demás no quieren hacer. Y, entonces, váyase bien. Si hace todo esto, su legado se levantará solo y permanecerá como un buen perfume que se queda en el aire mucho después de que la persona que lo usa sale del recinto.

Terry y yo sentimos que no merecíamos la opinión que nos dio uno de nuestros líderes después de que salimos de Uruguay. Él venía llegando a los Estados Unidos de una reunión internacional sobre la plantación de iglesias y me dijo: <<Conforme los líderes nacionales discutían la siembra de iglesias, aunque nunca mencionaron tu nombre, yo podía ver tus huellas en todo lo que compartieron con los asistentes>>. Hoy, la iglesia nacional uruguaya todavía tiene el énfasis en la plantación de iglesias. Nosotros ya no estamos allá, pero se han levantado nuevos líderes que han aceptado el llamado y el reto de alcanzar Uruguay con las buenas nuevas de Cristo Jesús.

Pablo nunca volvió a mencionar a Bernabé después de que cada uno de ellos se fuera por un camino diferente; sin embargo, las huellas del apóstol de más edad se pueden ver en todo el trabajo tanto de Pablo como de Marcos. De hecho, pienso que después de Cristo Jesús, Bernabé es el líder de más influencia en el Nuevo Testamento, y que la dulce fragancia de su influencia surge cada vez que alguien lee su historia.

Conclusión

El Camino Bernabé es un viaje que comenzó con la fe de él en Dios y con un corazón dispuesto. Este camino fue creciendo hasta plasmar los principios de liderazgo que marcaron su ministerio. Bernabé desarrolló esos principios conforme viajó de su hogar en Chipre a Jerusalén, a Antioquía, a Tarso y de regreso a Chipre, para luego ir a Asia Menor a invertir su vida en dos futuros líderes que batallaban con situaciones difíciles.

Bernabé vio en Pablo y Marcos lo que otros no pudieron ver. Los grandes logros en el reino de Dios siempre comienzan con un vistazo de algo que podría ser mejor, algo que alguien podría hacer, o tal vez algo que Dios podría hacer.

La visión de Bernabé lo lanzó a hacer lo que nadie más haría. Él les dio a esos dos jóvenes su protección, su mentoría, y caminó a su lado mientras maduraban. Bernabé los empoderó a ambos y luego los soltó para que fueran mucho más allá de donde él hubiera podido llegar por sí solo.

Además, Bernabé pagó un precio que nadie más hubiera pagado. Se arriesgó a trabajar con el joven Saulo, algo que ninguno de los apóstoles quiso hacer. Más adelante, dejó a Pablo para comenzar todo el proceso otra vez con Juan Marcos.

No fue fácil. Ciertamente, no fue perfecto. Hubo milagros y desastres, retos y conflictos. Bernabé se equivocó, como usted y como yo. Pero, ¡qué viaje este del Camino Bernabé! Al final, Bernabé había ayudado a moldear a dos de los principales escritores del Nuevo Testamento, que también llegaron a ser reconocidos como líderes en la iglesia del primer siglo.

Pablo siguió el ejemplo de Bernabé e invitó a muchos líderes jóvenes a caminar junto a él en su propio viaje para construir el Reino. Silas, Lucas, Timoteo, Tito, Filemón, Lidia y muchos otros surgen en el libro de los Hechos y las epístolas de Pablo, y forman una cadena inquebrantable que nos alcanza a usted y a mí.

Yo lo reto ahí donde se encuentra en su propio viaje. Considere los principios de este libro a la luz de sus propios pensamientos y experiencias. Tome lo que necesite, deje lo que no le sirva, pero no se apresure a evitar lo que lo hace sentirse incómodo.

Y entonces, ¡sea un Bernabé! Hay muchos Saulos, Juan Marcos, Timoteos, y otros esperando a un Bernabé que camine al lado de ellos mientras maduran y desarrollan sus propias habilidades de liderazgo. Su influencia podría tener en ellos un impacto de esos que cambian la vida.

O puede ser que, más bien, usted necesite a un Bernabé que camine a su lado y lo moldee convirtiéndolo en una mejor vasija para el Reino. Pídale al Señor que le mande un Bernabé a su vida. Manténgase atento, porque un buen día puede llegar un Bernabé a buscarlo.

Notas

1 Martin Luther King, Jr., "I've Been to the Mountaintop" (speech, Memphis, Tennessee, April 3, 1968), 6. *A Call to Conscience: The Landmark Speeches of Dr. Martin Luther King Jr.*, recuperado de http://kingencyclopedia.stanford.edu/kingweb/publications/speeches/I've_been_to_the_mountaintop.pdf, consultado el 17 de octubre de 017.

2 Suzy Platt, ed., *Respectfully Quoted: A Dictionary of Quotations,* requested from the Congressional Research Service (Washington DC, E.E.U.U: Library of Congress, 1989; Bartleby.com, 2003), recuperado de http://www.bartleby.com/73/465.html, consultado el 26 de octubre de 017.

3 Today I Found Out, "The Can Opener Wasn't Invented until 48 Years after the Invention of the Can", June 4, 2012, recuperado de http://www.todayifoundout.com/index.php/2012/06/the-can-opener-wasnt-invented-until-48-years-after-the-invention-of-the-can/, consultado el 30 de octubre de 017.

4 David McCullough, *The Path between the Seas: The Creation of the Panama Canal, 1870–1914*, (New York: Simon & Schuster, 2004), edición Kidle.

5 Donald W. McCullough, *Waking from the American Dream: Growing through Your Disappointments*, (Downers Grove, Illinois: InterVarsity Press, 1988),181.

6 Kendall y Starla Bridges, *Better Marriage: Against All Odds*, Carrollton, Texas, Kendall Bridges Ministries, 2016,106.

7 "Jerry Rice", Wikipedia, modificado la última vez el 19 de agosto de 2017, recuperado de https://en.wikipedia.org/wiki/Jerry_Rice, consultado el 21 de agosto de 017.

8 Malcolm Gladwell, *Outliers: The Story of Success* (New York: Little, Brown and Company, 2008) 39.

9 "Eddie 'The Eagle' Edwards", Wikipedia, modificado la última vez el 23 de octubre de 2017, recuperado de https://en.wikipedia.org/wiki/Eddie_%22The_Eagle%22_, consultado el 2 de noviembre de 017.

10 Jack Busch, "Hard Work in 5 Easy Steps: Understanding Perseverance in the Modern Age", *Primer Magazine*, 2012, recuperado de http://www.primermagazine.com/2012/live/what-is-hard-work, consultado el 21 de agosto de 017.

11 Ibid.

12 Libby Kane, "Mrs. Fields Cookies: How Debbi Fields Built an Empire from Scratch". Recuperado de https://www.themuse.com/advice/mrs-fields-cookies-how-debbi-fields-built-an-empire-from-scratch

13Consultado el 21 de agosto de 017.

14 *The Man Who Stopped the Desert,* dirigido por Mark Dodd, 2009, recuperado de http://www.1080films.co.uk/downloads/man-who-stopped-the-desert-info-pack.pdf, consultado el 22 de agosto de2017

15 C. S. Lewis, *The Chronicles of Narnia: The Lion, the Witch and the Wardrobe* (New York: Scholastic, 1995), p 92.

16 Paige Levin, *Maryland Officer Buys Diapers for Mother Caught Stealing Them*, CNN, July 27, 2017, recuperado de http://www.cnn.com/2017/07/27/us/cop-buys-diapers-trnd/index.html, consultado el 23 de agosto de 017.

17 Kirk Baird, "Pushing the Envelope: Oscar Winners Famous for Memorable Acceptance Speeches", recuperado de Las Vegas Sun del 23 de febrero de 2004, consultado el 23 de agosto de 017.

18 Atkins, Alexander. "Tag Archives: Origin of the Buck Stops Here". *Bookshelf* (Blog). March 12, 2013], recuperado de https://atkinsbookshelf.wordpress.com/tag/origin-of-the-buck-stops-here/, consultado el 11 de setiembre de 017.

19 DW. "7.12.1970: Willy Brandt Falls to His Knees". *Today in History*, recuperado de http://www.today-in-history.de/index.php?what=thmanu&manu_id=1668&tag=7&monat=12&year=2015&dayisset=1&lang=en, consultado el 11 de septiembre de 017.

20 Lisa Respers France, Stephanie Elam, Jason Kravarik, and Dave Goldman, "Prince Had No Will, Says His Sister", CNN Money, April 26, 2016, recuperado de http://money.cnn.com/2016/04/26/news/companies/prince-no-will/, consultado el 23 de agosto de 017.

21 Jack Welch, "Former GE CEO Jack Welch Says Leaders Have 5 Basic Traits—And Only 2 Can Be Taught". *Business Insider*, February 22, 2017, recuperado de http://www.businessinsider.com/former-ge-ceo-jack-welch-says-leaders-have-5-basic-traits-and-only-2-can-be-taught-2017-2, consultado el 23 de agosto de 2017.

Bibliografía

Atkins, Alexander. "Tag Archives: Origin of the Buck Stops Here". *Bookshelf* (blog). March 12, 2013. Recuperado de https://atkinsbookshelf.wordpress.com/tag/origin-of-the-buck-stops-here/. Consultado el 11 de setiembre de 2017.

Baird, Kirk. "Pushing the Envelope: Oscar Winners Famous for Memorable Acceptance Speeches". *Las Vegas Sun*. 23 de febrero de 2004. Recuperado de https://lasvegassun.com/news/2004/feb/23/pushing-the-envelope-oscar-winners-famous-for-memo/. Consultado el 23 de agosto de 2017.

Blackaby, Henry T., and Richard Blackaby. *Spiritual Leadership*. Nashville, TN: Broadman and Holman Publishers, 2001.

Bridges, Kendall, and Starla Bridges. *Better Marriage: Against All Odds*. Carrollton, TX: Kendall Bridges Ministries, 2016.

Busch, Jack. "Hard Work in 5 Easy Steps: Understanding Perseverance in the Modern Age". *Primer Magazine*. 2012. Recuperado de http://www.primermagazine.com/2012/live/what-is-hard-work. Consultado el 21 de agosto de 2017.

Chand, Samuel R. *Leadership Pain*. Nashville, TN: Thomas Nelson Inc., 2015.

Chappell, Paul W. *Leaders Who Make a Difference*. Lancaster, CA: Striving Together Publications, 2009.

Clinton, Robert J. *The Making of a Leader*. Rev. ed. Colorado Springs, CO: NavPress, 2012.

Covey, Stephen M. R. *The Speed of Trus*t. New York: Free Press, 2006.

DW. "7.12.1970: Willy Brandt Falls to His Knees". *Today in History*. Recuperado de http://www.today-in.history.de/index.php?what=thmanu&manu_id=1668&tag=7&monat=12&year=2015&dayisset=1&lang=en. Consultado el 11 de setiembre de 2017.

"Eddie 'The Eagle' Edwards". Wikipedia. Modificado la última vez el 23 de octubre de 2017. Recuperado de https://en.wikipedia.org/wiki/Eddie_%22The_Eagle%22_Edwards. Consultado el 2 de noviembre de 2017.

France, Lisa Respers, Stephanie Elam, Jason Kravarik, and Dave Goldman. "Prince Had No Will, Says His Sister". CNN Money. 26 de 2016. Recuperado de http://money.cnn.com/2016/04/26/news/companies/prince-no-will/. Consultado el 23 de agosto de 2017.

Gladwell, Malcom. *Outliers: The Story of Success*. New York: Little, Brown and Company, 2008.

Hunter, Ron Jr., and Michael E. Waddell. *Toy Box Leadership*. Nashville, TN: Thomas Nelson, 2008.

"Jerry Rice". Wikipedia. Modificado la última vez el 19 de agosto de 2017. Recuperado de https://en.wikipedia.org/wiki/Jerry_Rice. Consultado el 21 de agosto de 2017.

Kane, Libby. "Mrs. Fields Cookies: How Debbi Fields Built an Empire from Scratch". Recuperado de https://www.themuse.com/advice/mrs-fields-cookies-how-debbi-fields-built-an-empire-from-scratch. Consultado el 21 de agosto de 2017.

King, Martin Luther Jr. "I've Been to the Mountaintop". Speech. Memphis, TN, April 3, 1968. *A Call to Conscience: The Landmark Speeches of Dr. Martin Luther King Jr.* Recuperado de http://kingencyclopedia.stanford.edu/kingweb/publications/speeches/I've_been_to_the_mountaintop.pdf. Consultado el 17 de octubre de 2017. Kouzes, James M., and Barry Z. Pozner. *The Leadership Challenge*. 4th ed. San Francisco: Jossey-Bass, 2007.

Lewis, C.S. *The Chronicles of Narnia: The Lion, the Witch and the Wardrobe*. New York: Scholastic, 1995.

Levin, Paige. *Maryland Officer Buys Diapers for Mother Caught Stealing Them.* CNN. July 27, 2017 [27 de julio de 2017]. Recuperado de http://www.cnn.com/2017/07/27/us/cop-buys-diapers-trnd/index.html. Consultado el 23 de agosto de 2017.

Maxwell, John C. *Good Leaders Ask Great Questions: Your Foundation for Successful Leadership*. Nashville, TN: Center Street Publishing, 2014.

———. *The 21 Indispensable Qualities of a Leader: Becoming the Person Others Will Want to Follow.* Nashville, TN: Thomas Nelson Publishers, 1999.

MacDonald, George. *The Marquis of Lossie*. Project Gutenberg eBook, 2004. Recuperado de http://www.gutenberg.org/files/7174/7174-h/7174-h.htm. Consultado el 26 de octubre de 2017.

The Man Who Stopped the Desert. Directed by Mark Dodd. 2009. Recuperado el http://www.1080films.co.uk/downloads/man-who-stopped-the-desert-info-pack.pdf. Consultado el 22 de agosto de 2017.

McChrystal, Stanley. *Team of Teams: New Rules of Engagement for a Complex World.* New York: Penguin Publishing, 2015.

McCullough, David. *The Path between the Seas: The Creation of the Panama Canal, 1870–1914*. New York: Simon & Schuster, 2004. Kindle edition.

McCullough, Donald W. *Waking from the American Dream: Growing through Your Disappointments*. Downers Grove, IL: InterVarsity Press, 1988.

Meacham, Jon. *Franklin and Winston: An Intimate Portrait of an Epic Friendship*. New York: Random House, 2003.

Phillips, Donald T. *Lincoln on Leadership: Executive Strategies for Tough Times*. Illinois: DPT/Companion Books, 1992.

Platt, Suzy, ed. *Respectfully Quoted: A Dictionary of Quotations*. Requested from the Congressional Research Service. Washington DC: Library of Congress, 1989; Bartleby.com, 2003. Accessed October 26, 2017. http://www.bartleby.com/73/465.html

Thomas, Robert J. *Crucibles of Leadership: How to Learn from Experience to Become a Great Leader*. Boston, MA: Harvard Business School Publishing, 2008.

Today I Found Out. "The Can Opener Wasn't Invented until 48 Years after the Invention of the Can". June 4, 2012. Recuperado de http://www.todayifoundout.com/index.php/2012/06/the-can-opener-wasnt-invented-until-48-years-after-the-invention-of-the-can/. Consultado el 30 de octubre de 2017.

Welch, Jack. "Former GE CEO Jack Welch Says Leaders Have 5 Basic Traits—And Only 2 Can Be Taught". *Business Insider*. February 22, 2017. Recuperado de http://www.businessinsider.com/former-ge-ceo-jack-welch-says-leaders-have-5-basic-traits-and-only-2-can-be-taught-2017-2. Consultado el 23 de agosto de 2017.

www.ingramcontent.com/pod-product-compliance
Ingram Content Group UK Ltd.
Pitfield, Milton Keynes, MK11 3LW, UK
UKHW020420250726
13967UKWH00007B/2730

9 781532 362149